高等职业教育体育课程改革系列精品教材

大学生综合素质拓展训练

主　编　包　勇　曹丽君　谢　存
副主编　崔玉婷　石海涛　杨东风　赵赛赛
参　编　（按姓氏笔画排序）
　　　　丁小燕　双慧余　史传华　白敏敏
　　　　杨　云　杨桂其　辛　帅　沙铭海
　　　　张　乐　郝　佳　施淏亮

北京理工大学出版社
BEIJING INSTITUTE OF TECHNOLOGY PRESS

内 容 提 要

本书主要依据《全国高等职业院校体育课程教学指导纲要》《关于深化教育体制机制改革的意见》《关于职业院校专业人才培养方案指导意见》《青年要自觉践行社会主义核心价值观》《关于积极推进"互联网+"行动的指导意见》以及《国家学生体质健康测试标准》等相关要求进行编写。全书主要内容包括素质拓展训练概述、高校素质拓展训练的理论基础、素质拓展训练的实施、高校素质拓展训练课程、职业综合素质拓展训练实践案例、素质拓展训练的效果与评价等。

本书适合各类普通高等学校开展素质拓展课教学使用。

版权专有　侵权必究

图书在版编目（CIP）数据

大学生综合素质拓展训练 / 包勇，曹丽君，谢存主编. -- 北京：北京理工大学出版社，2023.6
　ISBN 978-7-5763-2533-1

Ⅰ.①大… Ⅱ.①包… ②曹… ③谢… Ⅲ.①大学生－素质教育 Ⅳ.①G640

中国国家版本馆CIP数据核字（2023）第117801号

出版发行 / 北京理工大学出版社有限责任公司	
社　　址 / 北京市丰台区四合庄路6号院	
邮　　编 / 100070	
电　　话 /（010）68914775（总编室）	
（010）82562903（教材售后服务热线）	
（010）68944723（其他图书服务热线）	
网　　址 / http://www.bitpress.com.cn	
经　　销 / 全国各地新华书店	
印　　刷 / 河北鑫彩博图印刷有限公司	
开　　本 / 787毫米×1092毫米　1/16	责任编辑 / 江　立
印　　张 / 11.5	文案编辑 / 江　立
字　　数 / 250千字	责任校对 / 周瑞红
版　　次 / 2023年6月第1版　2023年6月第1次印刷	责任印制 / 王美丽
定　　价 / 38.00元	

图书出现印装质量问题，请拨打售后服务热线，本社负责调换

FOREWORD 前言

  党的二十大报告指出："坚持以人民为中心发展教育，加快建设高质量教育体系，发展素质教育，促进教育公平。"素质是做人的根本，做人也是成才的根本。素质培养可以分为四大内容，即培养大学生的身体、心理、社会和创新。传统的教育方式已经不能满足培养研究型、创新型、复合型高素质人才的要求。素质拓展训练以其独特的"学先"教育方式和灵活的教学内容，将对完成素质教育的四大任务、培养高素质复合型人才产生积极的影响。

  素质拓展训练可以提高大学生的身心素质，对大学生在社会上的发展会有很大的帮助，这也是人生的宝贵财富。素质拓展有利于培养学生的团队合作精神，诚实、互相关心、互相信任等良好品格，以及积极的生活态度；有助于培养学生在专业岗位上的创造性思维和实践能力。改变传统的体育教育观念和方法，对深化体育教育改革，全面推进素质教育具有重要意义。

  综合素质拓展训练课程是体验式学习的一种，采取"做中学"的教学方式，对大学生的综合素质能够进行很好的培养。本书精心设计各种特殊的情境，让学生积极地参与并进行体验。本书通过融入思政教育，促进大学生身心全面发展，是实现文化素质教育和身体素质教育并重的一门课程。通过本书的学习能帮助大学生全面认识"体验式学习"，理解"大体育、大文化"的教育目的；能提高大学生对体育素质教育的认识，掌握运用体育知识全面提高自身素质的能力。本书坚持"健康第一"的指导思想，以就业为导向，其目标主要是提高学生的职业体能和职业素养，以及就业能力。

  本书在编写过程中参阅了大量文献，在此向原作者致以衷心的感谢。

  由于编写时间仓促，编者的经验和水平有限，书中难免存在不妥之处，恳请各位读者批评指正。

编　者

CONTENTS 目录

第一章 素质拓展训练概述 …………………………………………………… 001

第一节 素质拓展训练的起源与发展 …………………………………… 002
一、拓展训练的起源 ……………………………………………… 002
二、拓展训练的创造 ……………………………………………… 003
三、拓展训练在国内外的发展 …………………………………… 003

第二节 素质拓展训练的特点与价值 …………………………………… 007
一、素质拓展训练的特点 ………………………………………… 007
二、素质拓展训练的核心价值 …………………………………… 007

第三节 素质拓展训练的科学基础 ……………………………………… 008
一、教育学基础 …………………………………………………… 008
二、心理学基础 …………………………………………………… 009
三、管理学基础 …………………………………………………… 009
四、行为学基础 …………………………………………………… 009
五、社会学基础 …………………………………………………… 009

第四节 素质拓展训练的类别 …………………………………………… 010
一、按培训目标划分 ……………………………………………… 010
二、按培训对象划分 ……………………………………………… 010
三、按培训场地划分 ……………………………………………… 010
四、按培训风险程度划分 ………………………………………… 011

第二章　高校素质拓展训练的理论基础 012

第一节　体验式学习 013

一、体验与体验式学习 013

二、体验式学习的特点 014

第二节　团队与团队学习 015

一、团队的概念及要素 015

二、团队建设与团队精神 016

三、团队沟通与团队激励 020

第三节　冒险学习与避险求生学习 022

一、冒险学习 022

二、避险求生学习 022

第三章　素质拓展训练的实施 024

第一节　素质拓展训练的场地 025

一、素质拓展训练场地的概念及作用 025

二、素质拓展训练场地的建设 025

三、素质拓展训练场地的维护 026

第二节　素质拓展训练的安全器材 027

一、头盔 028

二、安全带 028

三、拓展绳索 029

四、锁具 030

五、8字环 031

六、上升器和止坠器 032

第三节　素质拓展训练的安全管理及急救方法 033

一、素质拓展训练的安全管理 033

  二、简单急救方法介绍 …………………………………… 034
  三、野外急救常识及技巧 …………………………………… 039

第四节 素质拓展训练的模式 …………………………………… **046**
  一、素质拓展训练课程的课前准备工作 …………………………………… 046
  二、素质拓展训练的实施环节 …………………………………… 046
  三、素质拓展训练的实施内容 …………………………………… 047
  四、素质拓展训练的策划 …………………………………… 048

第四章 高校素质拓展训练课程 …………………………………… **052**

第一节 素质拓展训练在高校实施的意义 …………………………………… **052**
  一、促进大学生心理素质的发展 …………………………………… 053
  二、促进大学生身体素质的发展 …………………………………… 053
  三、促进大学生专业能力的发展 …………………………………… 053
  四、促进大学生综合职业能力的发展 …………………………………… 054

第二节 素质拓展训练在高校实施的可行性 …………………………………… **055**
  一、素质拓展训练项目的设计具有较强的趣味性 …………………………………… 055
  二、素质拓展训练项目的开展具有较强的可操作性 …………………………………… 056
  三、素质拓展训练项目的实施具有较强的安全性 …………………………………… 056

第三节 素质拓展训练课程的解析 …………………………………… **056**
  一、课程性质与任务 …………………………………… 056
  二、课程设计思路 …………………………………… 057
  三、课程目标 …………………………………… 057
  四、课程内容和要求 …………………………………… 058
  五、课程实施建议 …………………………………… 059

第四节 高校素质拓展训练体验流程 …………………………………… **061**
  一、体验 …………………………………… 061

二、感受 ··· 061
　　三、分享 ··· 062
　　四、总结 ··· 062
　　五、应用 ··· 062

第五章　职业综合素质拓展训练实践案例 ·· 063
　　一、破冰之旅篇 ··· 063
　　二、团队意识篇 ··· 078
　　三、敬业乐群篇 ··· 104
　　四、诚信待人篇 ··· 124
　　五、厚德明理篇 ··· 141

第六章　素质拓展训练的效果与评价 ·· 159
第一节　素质拓展训练课程的考核标准 ·· 160
　　一、素质拓展训练课程考核结构 ··· 160
　　二、考核办法 ·· 160
　　三、考核成绩的计算方法 ·· 161
第二节　素质拓展实践能力考核评价 ··· 161
　　一、教师评价 ·· 161
　　二、学生自评 ·· 164
　　三、团队评价 ·· 166

附　录 ·· 168

参考文献 ·· 176

第一章
素质拓展训练概述

学习目标

知识目标:
1. 了解素质拓展训练的起源与发展。
2. 熟悉素质拓展训练的特点与价值,以及素质拓展训练的科学基础。
3. 掌握素质拓展训练的类别。

能力目标:
素质拓展训练的参与者能够对训练活动有全面认识,能够明白素质拓展训练的重要现实意义。

素质目标:
具有良好的生活习惯,具备良好的个性心理品质和较强的心理调适能力;具有较高的言行文明修养,建立良好的人际关系。

项目导入

作为体验式培训的重要形式之一,素质拓展训练(简称拓展训练)是从"Outward Bound"一词翻译、发展演变而来的。拓展将体能、心理与社会适应能力等多种学习目标设计在游戏中,使学生通过"磨炼意志、陶冶情操、完善人格、熔炼团队"的学习来感悟游戏内外的道理,并启发学生深入思考,使他们在顿悟之后获得无以言表的成就感与满足感,正如人们所说的"小故事,大道理",拓展不仅局限于单个游戏之中,关键要寻找游戏之外与其生活相似的情境,将所学知识运用到实际的生活中。

第一节　素质拓展训练的起源与发展

一、拓展训练的起源

拓展训练是一种户外体验式训练，源于英文"Outward Bound"，是一个航海术语，直译是"出海的船"（图1-1）。它是船只出发前用于召唤船员上船的旗语，表明船出发的时刻到了，船员们看到后会很快回到船上整装待发。而现在"Outward Bound"作为一种学习方式的名称，被越来越多的人接受，并被诠释为：一艘小船在暴风雨来临之际，离开安全的港湾，驶向波涛汹涌的大海，去迎接未知的挑战，在面临风险与困难的同时，也可能发现新的机遇。

视频：素质拓展训练的起源与发展

图1-1　拓展训练源于海上探险

拓展训练来源于一个真实的例子。第二次世界大战时期，许多英国军舰及商船在遭遇到德国潜艇的袭击后沉没了，大批船员落水。由于海水冰冷，又远离大陆，绝大多数的船员牺牲了，但仍有极少数的人员在经历了长时间的磨难后幸运生还。细心的人们惊讶地发现，生还的人员并不是身强力壮的年轻人，而是年纪偏大、体力较差的老船员。经过一段时间的调查研究，人们终于找到了问题的答案：这些人员之所以能够活下来，关键在于他们有顽强的意志力，对人生有强烈的责任感；还因为在常年的海上历练中，掌握了海上生存的方法，练就了良好的心理素质及与他人合作的精神，当他们遇到困难时，首先坚定了要活下去的信念，然后再想求生的办法。而那些年轻的船员多因遇事不够冷静，放弃了活下去的信念，最终没能坚持下来。

二、拓展训练的创造

劳伦斯·霍尔特是一位在英国热心于海上训练和生存的实业家。他认为，每个船员必须拥有依靠自己智慧和团队的协作摆脱困境的能力，在他的资助下，德国教育家库尔特·哈恩博士对多起海难进行了调查并创立了培训学校。哈恩博士尝试针对海难幸存者的经历、品质和特点，模拟海难的相关情境，以训练年轻船员的心理素质和应对海难所体现的技能为主要目标。同时，致力于培养年轻人的身心素质和增强他们的体质，使他们拥有能够适应在野外和困境中生存、战斗的能力。

1941年，通过劳伦斯·霍尔特出资和哈恩博士的努力，终于建立了"阿伯德威海上学校"，称之为Outward Bound学校，又称"外展训练"中心，这就是素质拓展训练组织的开端。在这个学校参加培训的学员不仅包括劳伦斯·霍尔特公司的工作人员，还有来自政府部门、军校、警察及对训练感兴趣的众多有志人士。课程的内容包括船员的驾驶训练、体能训练、越野训练、救援训练、海上探险、陆地探险及服务活动等。哈恩和霍尔特设计课程的基本理念是通过体验式训练帮助学员在自然的环境中获得挑战的深刻认识和体验，通过这种体验帮助学员建立对个人价值和团队意义的认知，促使学员更清楚地认识到人与人之间相互依靠、相互协作的重要性。

第二次世界大战时期，英国部队征用了哈恩博士的学校，"外展训练"为战争中人们的生存信念做出了巨大贡献。这些课程的优势主要是培养集体主义精神和加强团队意识。第二次世界大战结束后，人们觉得这种训练体验应该继续应用到和平时代。Outward Bound学校经过后期的改造和完善，成了著名的培训人才的机构。改造后的课程模拟真实管理情境，利用野外生存的形式，对学员进行身体、心理及管理能力等方面的培训。

如今，拓展训练已发展成为全球规模最大和历史最悠久的户外体验式教学模式。拓展训练在我国能得到迅猛发展，从本质上讲，是其自身功能与价值决定的，是拓展训练符合人们需要的结果。为了使拓展训练能在我国长期稳定地发展，应首先对拓展训练的功能与价值进行研究，以求得共识。

三、拓展训练在国内外的发展

1. 户外拓展训练在国外的发展

第二次世界大战结束后，Outward Bound（简称OB）学校发展的规模越来越大，训练对象也由海员扩大到军人、企业人员、学生等。

受哈恩博士教学理念的启发和对拓展训练模式的认可，1962年，美国人乔什·曼纳经过长期的努力，终于在科罗拉多州成立了Outward Bound学校。

由于新颖的培训形式取得了较好的效果，拓展训练很快就风靡了整个欧洲的教育培训领域并迅速地发展到全世界，并逐渐发展成为世界性外展训练国际组织（Outward Bound International Inc）。20世纪80年代，在新西兰召开了第一届OB国际会议，也在1988年的美国国际会议上提出了对 OB 商标进行保护。

拓展训练得到认可后，慢慢地被教育系统的人士关注，他们派了很多教师和学生参加体验活动。在许多教学科研人员的关注与研究下，拓展训练的理论更加丰富，课程体系也日渐完善，在其他学科和领域也进行了大胆尝试，并且取得了显著的成效。

到 2005 年年底，OBI（Outward Bound International）作为全球规模最大、历史最悠久、从事户外体验式教育的非营利性机构，它的培训网络已跨越了 32 个国家和地区，成立了 50 家训练中心和学校。在亚洲，最早建立 OB 学校的是新加坡，中国香港和日本也先后引进了这种体验式教育的模式。

2. 户外拓展训练在国内的发展

随着我国企业培训的成长与需求，1995 年 3 月，人众人教育机构（GROUP）将"拓展训练"引入我国，在北京创立了国内第一家专业的培训机构——北京华融素质拓展训练学校。人众人教育机构针对培训的需要，设计面向个人、团队和组织的素质拓展训练体系，以帮助企业建立高绩效团队为核心目标，以体验式培训为载体，以团队活动为引导，激发企业、组织和个人提升综合能力，从而全面帮助企业提升效能。

素质拓展训练在我国的发展日渐成熟，深受企事业单位的青睐。由于拓展在培训领域所带来的潜在价值和震撼性效果得到了广泛认可，在过去 10 余年的发展中，培训机构正如它的名字一样不断"拓展"，到现在为止已经发展成为一种新的教育理念和学习模式，并得到了包括学校在内的多种机构的认可且运用到了多个领域。

1999 年，我国拓展训练在经历了四年的发展和提高后，与学校教育在培训活动中有了第一次亲密接触。北京大学、清华大学的 EMBA 学员也将拓展训练纳入课程体系之中，使学生到拓展培训公司参加拓展活动。几乎在同一时期，中欧国际工商学院、中山大学岭南学院、浙江大学、暨南大学等学校的 MBA ／ EMBA 教育中，也纷纷将拓展训练作为指定课程内容。2002 年，在教育部体育卫生与艺术教育司倡导下，首次在高校体育课程中引进了拓展训练的内容。目前，部分有条件的高校已配置了相关设备并开设了拓展课程，如图 1-2 所示是一个高校团队拓展训练基地，如图 1-3 所示为学校素质拓展。

图 1-2　高校团队拓展训练基地

图 1-3　学校素质拓展

学校素质拓展训练课程的前期模式仍然沿用培训领域的拓展相关课程，除参加为数不多的野外拓展课程外，大多数学校参加的培训活动主要是场地培训。国内相关研究者根据国内学校教育的特点，综合了相关课程体系，确定了适合我国学校教育的素质拓展课程，与社会培训领域的课程还是存在一定的差异，具体见表1-1。

表 1-1　培训领域的素质拓展训练与学校素质拓展训练的差异

分类	培训领域的拓展训练	学校拓展训练
参加人员	企业团队	学校学生
学习形式	短期集训	学期课程
学习目的	团队绩效	素质教育
学习价值	组织成长	个体成长
师资力量	随机安排	长期固定

近几年，随着我国教学改革和新课程的不断引入，各级各类学校都通过各种方式尝试开展素质拓展训练活动，陆续将拓展项目，尤其是户外活动类项目和一些竞技性和趣味性较强的游戏引入课堂，按照拓展所采用的体验式学习方式进行课堂活动，这些丰富、有趣的拓展活动为增强学生的协作能力提供了很好的学习机会。

知识拓展：搞笑素质拓展的现状

拓展阅读

原来我还可以做得更好

刘总是一位60岁的某企业的副总。在公司组织的一次拓展训练中，前面所有的项目刘总一马当先完成得很出色，到"高空抓杠"项目了，还没开始项目布置，他就说

"我年纪大了,膝关节也有伤,这个项目我就不上了,让年轻人上吧。"教练看看他,笑笑没说话。

刘总在整个过程中都积极地关注着每个成员的安全,对其他成员进行鼓励加油。项目进行得顺利,除刘总外,团队其他成员都挑战成功。

"好像还有一个学员没有上?"教练有意地问。

"刘总!"大家齐声喊道。

"不行,不行,我膝盖有伤,体重也重。"刘总摇着头说。

"大家说同意不同意?"教练问。

"不同意!"

……

在大家的坚持下,刘总最后硬着头皮说"好,我来!"

他颤抖着爬上了圆盘,站了起来。

"可以跳了!"

"等等!"

他站在圆盘上,目光注视着前方的横杆,岿然不动。

……

"加油,加油,你是最棒的!"大家给他加油,时间已经过去了20分钟。起风了,也下起了雨,刘总还是稳稳地站着。

一个小时了,大家已经开始疲惫,加油声已经断断续续了。

"刘总,赶紧跳吧,我们饿死了,到吃饭的时候了。"刘总咬了咬嘴唇,终于跳了出去,成功地抓住了横杆。

刘总安全着地后,反而很平静,脱下安全带,向前走了几步,突然转身快步走回圆柱前,抱着圆柱痛哭流涕,大家都愣住了。

在分享成功的喜悦时,刘总说:"我现在还不想说什么,心情很复杂,明天我会与大家分享我的感受。"

第二天,在完成另外一个高空项目后,刘总说道:"我昨天感觉内心震动很大,我之所以在上面站了很久,是因为我想起了以前的很多事情。我现在是公司的副总,对于大多数人来说,位置、钱、荣誉都有了,可能很多人一辈子努力也达不到这样的位置。但是我在想,我其实曾经面对着更多的成功机会,只是因为过于保守、安于现状,与机会都擦肩而过,如果早一点像抓住横杆一样抓住它,我获得的成功将远远大于今天。"

……

一个月后,这家企业的第二批学员来培训,教练问他们刘总最近如何。

"他已经跳槽到另外一家企业去了。"

后来又了解到,刘总在原来的企业工作了20多年,是公司的元老级职工……

这是个人的提升?还是企业的损失?一个60岁的老人还该不该这样做?

第二节　素质拓展训练的特点与价值

一、素质拓展训练的特点

1. 综合活动性

拓展训练的所有项目都以体能活动为引导，引发出认知活动、情感活动、意志活动和交往活动，有明确的操作过程，要求学员全身心投入。

2. 挑战极限

拓展训练的项目都具有一定的难度，表现在心理考验上，需要学员向自己的能力极限挑战，跨越"极限"。

3. 集体中的个性

拓展训练实行分组活动，强调集体合作。力图使每名学员竭尽全力地为集体争取荣誉，同时，从集体中吸取巨大的力量和信心，在集体中显示个性。

4. 高峰体验

在克服困难，顺利满足课程要求以后，学员能够体会到发自内心的胜利感和自豪感，获得人生难得的高峰体验。

5. 自我教育

教员只是在课前把课程的内容、目的、要求及必要的安全注意事项向学员讲清楚，活动中一般不进行讲述，也不参与讨论，充分尊重学员的主体地位和主观能动性。

通过拓展训练，参训者在以下方面有显著的提高：认识自身潜能，增强自信心，改善自身形象；克服心理惰性，磨炼战胜困难的毅力；启发想象力与创造力，提高解决问题的能力；认识群体的作用，增进对集体的参与意识与责任心；改善人际关系，学会关心，更融洽地与群体合作；学习欣赏、关注和爱护大自然。

二、素质拓展训练的核心价值

1. 素质拓展训练的体适能价值

体适能是从英文 Physical Fitness 发展而来的，是指机体高效地运行自身技能和适应环境的能力。体适能较好的人在日常生活和工作中有比较好的适应能力，不会轻易产生疲劳或力不从心的感觉。现代人进行身体锻炼的机会越来越少，加之营养过剩和不断增加的工作与生活压力，体适能下降已经成为一个不容忽视的问题。拓展项目对体适能的锻炼价值主要是相对于竞技体适能而言的，是指健康体适能的锻炼价值，即为了健康所必须保有的身体适应能力，是为了预防疾病并提高日常工作效率所需要的体能，包括心肺耐力、肌力

与肌耐力、柔韧度、神经肌肉放松等锻炼价值。

2. 素质拓展训练的心适能价值

心理素质是指人在感知、思维、想象、情感、意志等心理品质上的修养，而心适能就是个体对各种心理品质积极、主动地调节，以适应外界刺激并能够正确应对的能力。简单来说，心适能就是心理的适应能力，健康的心适能就是个体能够合理地控制自己心理状态的变化，可以通过训练来提高。通过科学、积极、自信的系统锻炼，我们可以从拓展项目中得到心理能力的锻炼，体验出心适能锻炼的价值。

3. 素质拓展训练的群适能价值

群适能是指将学生在拓展课程上所体验的适应群体关系的能力，通过训练转化为适应团体文化和适应社会的能力，最终形成适应大的群体生活的能力。素质拓展训练皆在培养学员掌握与团队精神有关的理论知识，认识的创建团队精神对工作与事业发展和成功的重要性，克服影响团队合作的不良因素，进而能在实际工作中自觉而有效地发挥团队精神，使自己所在团队能够在竞争中团结一心，共同克服困难，实现预定目标。

第三节　素质拓展训练的科学基础

素质拓展训练的形式是体验式学习，其理论基础主要来自美国教育家约翰·杜威提出的"做中学"的理念。在素质拓展训练的有关理论中，有学者认为，按"先行后知"的教育方式获得知识和实践能力的学习就是体验式学习。体验式学习就是通过学生积极参与活动所获得自我的经验，在教师的引导下，学生通过活动前后差异过程的观察及反省，在总结交流中获得新的理念和信仰，并将收获整合运用于之后的学习、生活及工作中，以达到自己的目标和愿望。

2002年起，很多高校也相继开设了不同形式的素质拓展训练课程，受到广大师生的喜爱。素质拓展训练的迅猛发展，除受专业培训机构大力影响外，还在于其深厚的理论基础。在素质拓展训练起源、发展、演变的过程中，虽然它综合了教育学、心理学、管理学、行为组织学、社会学等多种学科知识体系，但它本身也是户外运动的一个分支。人们要寻找出素质拓展训练的科学理论依据，显示出其有效的教育与实践功能。

一、教育学基础

素质拓展训练在本质上属于重要的教育方式之一，其设计的环境与情节，是将平时的学习、生活及工作中许多可能发生的问题进行合理的设计，给学生一个相对有挑战、觉得有能力完成，但又需要付出努力的任务，而且这种努力需要个体或团队的行为支撑，这就引起了学生心理上的向往，这种状态能最大限度地调动学生的主观能动性，使其朝着积极的方向发展。

二、心理学基础

素质拓展训练推行"以人为本"的教育管理方式。作为学生个体而言，学生有自身实践、经验和认知，拥有慢慢成熟、发展的行为模式。从心理学角度来探究，人是具备多方面的个性和能力的，如价值体现、认知能力、行为习惯、心理需求等。就素质拓展训练的特性来说，学生居于主体地位，同时，他们具有主动学习的特性，教师必须为学生营造一个轻松愉悦的学习环境，营造积极向上的学习氛围，在心理上给予学生更多的鼓励和肯定。

三、管理学基础

在素质拓展训练课程的教学过程中，学生是以团队为单位来完成各种任务的，有团队就存在管理，有管理就涉及管理学的知识体系。沟通是管理学的重要内容之一，是团队完成所有任务的必备技能，影响团队工作效率和效益的最大障碍就是缺乏有效的沟通。

在素质拓展训练活动中，团队的建设是非常重要的，队长负责整个团队的管理，以及执行和实施团队任务，起到桥梁与纽带的作用。另外，队长要做好传达与协调的工作。

四、行为学基础

行为学关注的是学生行为的改变，而素质拓展训练强调的是"实践""体验""反思"，活动的过程主要是实践带来的体验可以转变学生的行为模式，这正符合行为主义的基本思想。

行为主义认为，学生在不同情况下的学习状态是不同的，其学习的内在动机是很重要的，活动通过激励的手段可以促使学生更加努力地体验任务的过程，同时，团队的凝聚力及荣誉感也可以促使学生很好地进行合作学习。总体来说，任何正面的导向都可以引发积极的学习态度和学习行为。

五、社会学基础

社会学基础主要是从社会整体出发，在这个整体中，所有的成员相互依赖、相互依存、相互影响、相互交往，这里的交往不仅是指团队中人与人的交往，还包括每个人与自己的内心交往、与自己的内心互动。社会学基础既是素质拓展训练中团队学习的重要理论依据，也是素质拓展训练操作技巧的理论指导。素质拓展训练倡导的是小组合作学习，注重小组成员的沟通与交流，促进个人与团队的共同成长。社会学基础对于认识素质拓展训

练中的现象和规律具有重要的作用。

第四节 素质拓展训练的类别

素质拓展训练作为体验式培训方式之一，可以按照不同的角度划分，如培训目标、培训对象、培训场地、培训风险程度等。

一、按培训目标划分

培训对象的培训需求是各不相同的。从总体来说，有以下几个方面的目标：使员工尽快融入团队、感受企业文化、挖掘个人潜力、增强团队的凝聚力，提高团队的效率和个人的素质等。这种分类方式比较复杂，可以针对团队的不同情况具体设置课程，如个人挑战类课程、沟通管理类课程、执行力课程、团队协作类课程、创新类课程、领导力培训课程等。每种课程的项目在执行时都有可能会交叉，人们要根据团队的需求划分出最适合的课程内容。

二、按培训对象划分

不同的素质拓展活动具有不同的特点，针对的学员也是不同的。从总体来说，素质拓展活动主要针对如企事业管理人员、新员工、军人、学生、社会个体等。从项目的具体核心出发，不是所有的项目都适用于同样的培训人员，如抢滩登陆，是以团队为单位进行挑战的项目，操作较为困难，适用于企事业单位的基层员工和中层管理人员参加；高空断桥适用于个人，因为这项活动风险值相对较高，需要专业的技术，主要是培养个人的冒险意识和勇于挑战的精神；穿越电网是考验团队的分工协作的能力，适用于企业新进员工，有助于新员工尽快融入企业。

三、按培训场地划分

视频：素质拓展训练的场地和模式

按素质拓展训练参加的地点划分，可分为场地项目、水上项目和野外项目三种。

（1）场地项目是指在固定的场地开展的，适用于团队与个人形式的挑战。其风险值较低，一般学校开展素质拓展训练都是以场地项目为主。常见的场地项目有信任背摔、穿越电网、孤岛求生、击鼓颠球等。

（2）水上项目是指在水面借助工具或在水的自然形态上完成的活动，适用于团队与个人形式的挑战。其风险值偏高,参加训练的队员需要具备较强的心理承受能力。水上项目是素质拓展训练的起源,具有较长的历史,发源于第二次世界大战时期,经历了众多时代的发展,逐渐变得成熟。常见的水上项目有漂流、潜水、冲浪、水球大战等。

（3）野外项目是指借助郊外、山脉等天然工具,通过团队成员的相互协作或个体的极限挑战完成的项目。一般野外项目在峻秀的群山、瀑布、悬崖等险要的地势举行,大部分拥有较长的历史。其风险值较高,需要专业装备的辅助才能完成,训练人员更需要过硬的体能、技能、心理能力、组织能力和沟通能力。常见的野外项目有蹦极、徒步、定向越野等。

四、按培训风险程度划分

按素质拓展训练的风险程度划分,可分为低风险项目、中风险项目和高风险项目。

（1）低风险项目的主要目的是通过平面场地的团队活动项目使队员树立团队共同面对困难与战胜困难的信心和决心,加强团队的有效协作与沟通,增强所有学员之间的合作意识与合作能力,提高团队工作效率,常见项目有盲人方阵、能量传输、人椅等。

（2）中风险项目的主要目的是帮助个体发掘自身的潜力,培养自信心、抗挫折能力及勇于面对困难的决心,常见项目有高空断桥、空中单杠、信任背摔等。

（3）高风险项目的主要目的是培养个体和团队的极限挑战精神,培养创新意识,同时,学会换位思考和懂得感恩,强调信任在团队中的作用等,常见项目有云中漫步、攀岩等。

▶ 思考题

1. 简述素质拓展训练在国内外的发展。
2. 素质拓展训练的特点有哪些?
3. 素质拓展训练的核心价值有哪些?
4. 按素质拓展训练参加的地点划分,素质拓展训练可分为哪几种?

第二章
高校素质拓展训练的理论基础

📝 学习目标

知识目标：
1. 了解体验与体验式学习；熟悉体验式学习的特点。
2. 了解团队的概念及要素；熟悉团队建设与团队精神、团队沟通与团队激励。
3. 了解冒险学习和避险求生学习。

能力目标：
团队之间能够有效地沟通，参与者和推进者能够彼此增进信任、坦诚相对，共同探索团队建设的核心问题。

素质目标：
通过反思获得知识，改变行为，培养良好的心理品质，提高综合素质能力。

项目导入

团队拓展训练理论基础是团队拓展训练活动设计和开展所依据的理念与原理。团队拓展训练是融体验式学习、团队与团队学习、冒险学习与避险求生学习及多学科的理论学习为一体的素质教育形式。通过该种形式的训练，可以使受训者获得身心一体的锻炼和成长，并能够最大限度地达到训练的目的和意义。

第一节　体验式学习

一、体验与体验式学习

"体验"一词的语意出自《淮南子·氾论训》:"故圣人以身体之。"明朝王守仁《传习录》中也提道:"皆是就文义上解释,牵附以求,混融凑泊,而不曾就自己实工夫上体验。"《现代汉语词典》中对"体验"的解释是"通过实践来认识周围的事物;亲身经历。""体验"在《牛津词典》中定义为"对某种状况或条件的影响的有意识接受"。现代语言对"体验"的最直接表达可译作"经验,由经验获得的知识或技术",还可以译作"经历,阅历"等。

体验是一个宽泛的概念,在不同领域有自己特有的含义,在哲学、心理学、教育学、体育学和经济学中都有各自的观点,不同学者有不同的认知(表2-1)。

表2-1　不同学科中的体验认知

学科领域	主要观点	代表人物	其他
哲学	体验是生命存在的一种方式,是对存在的展开的领会,是直接"经历的收获"	狄尔泰、海德格尔、伽德默等	生命哲学家的认知为主
心理学	一种由诸多因素共同参与的心理活动,主要有主体的内在体验、本真体验和高峰体验	马斯洛、皮亚杰等	存在主义、构建主义
教育学	知情意不可分割,对体验的改造	杜威、马杰斯等	实用主义、人本主义
经济学	体验经济为消费者提供一个体验的舞台	派恩等	现代企业为消费者提供的是一种体验

在体验中学习,对每个人来说都是一种最基本与自然的学习方式。作为体验式学习,它的巨大力量在于:提供了一个基础哲学理论,穿针引线般地将其他学习理论串联起来,形成统一整体。从学习的角度认识"体验",是对"体验"的一种升华,而"体验"时时刻刻都在我们身边发生,那么,体验式学习方式也就成为学习中必然经历的一种方式。

体验式学习是一种摆脱传统教学观念的双向学习方式,即"在体验中学习"。每个人都会有两种截然不同的学习体验:第一种,我们经常会在考试结束之后将所复习的内容慢慢忘记,如果不再复习,再次考试的成绩将产生天壤之别;第二种,当人们学会游泳、驾驶之后,即使很长时间不接触,仍然不会忘记。显然后一种学习方式是人们所讲的体验式学习,它拥有完整的循环式学习流程,通过第一种方式学习到的经验和技能,由于缺少体验和联系实际等环节,所以效果是不稳定的,而且是容易忘记的。所以,体验式学习就是在一种情景模拟的环境中经过反复体验与总结,并且联系实际,最终由学习者自己找出存在的问题及实用的工作方法,这样的学习效果是传统讲课式教学所达不到的。

现代体验式学习的观点认为：不能将体验式学习简单看作是体验在学习过程中的代名词，体验式学习注重在体验过程中和体验之后的反思，否则体验式学习就会是流于形式的"简单过程"，浪费了许多能够获得知识的"最佳机会"。许多时候这种体验过程无法重复，每次体验都会有不同的"经历与感受"，尤其是一些陌生、新奇的"初体验"，对于学习者的价值更大。

二、体验式学习的特点

1. 体验式学习使学生真正成为教学的主体

解决学生成为主体的问题首先要淡化教师的角色，因为在体验式学习中，没有人能够真正地教导别人什么，在不同时间与不同地点所发生的一切给了学生各自感悟的机会，学习的"东西"也是各有差别，体验式学习本身也是最好的教师。教师在教学的过程中，扮演的是"助产士"的角色，教师的引导促使学生反思内省及批判，学会新的知识及概念并内化。

学生在活动中从接受任务起开始挑战直到完成挑战，所有的困难都需要通过现有的资源来解决，这些资源不仅包括可用的场地、器材和道具，还包括学生的身体、智慧和团队协作能力，这些资源的运用能充分发挥学生的主观能动性，除安全监控外，这一过程几乎不受教师的任何干扰，从而真实地体现了学生成为教学主体这一特点。

2. 体验式学习的过程是一个完整的系统过程

体验式学习的过程从活动的开始就有特殊的计划性和针对性，不能仅仅着眼于"项目体验"这一环节，从而确保团队发展特定时期项目难度对团队行为的调节，也确保了学生个体始终对活动充满惊奇、迷惑、向往和竞争的心理，于是便将个体发展与团队发展很好地结合在一起。卡夫和萨科夫认为，体验式学习包括以下内容：

（1）学生在学习过程中是参与者而非旁观者。

（2）学习活动中个人动机需要给予激发，以表现主动学习、参与和责任感。

（3）学习活动的结果顺其自然，教师不对结果过多干预，更加真实有意义。

（4）学生的反思内省是学习过程的关键因素。

（5）情绪变化关系着学生与所在团队的现状和未来发展。

体验式学习的过程大多包括"参与、反思、运用"等环节，这些环节互相依存，形成一个完整的系统。另外，协调团队与个人的关系、团队成长与活动项目的配置、教学技巧与学习效果互动等也都是完整系统中的要素。

3. 体验式学习与传统学习在多个元素上有一定差别

体验式学习与传统学习相比，既有优点也有缺点，在我国作为长期接受灌输式教育的学生，适当接受体验式学习，可以达到一个很好的互补和补充的作用。这对于学生的成长是有帮助的，在一些特定的学习元素中，体验式学习的优缺点通过对比可以呈现出来（表2-2）。

表 2-2　体验式学习和传统学习对比

基本元素	体验式学习		传统学习	
	优点	缺点	优点	缺点
学习重点	自己的亲身体验，针对性强，理解深刻	缺乏整体性，个体性强，不利于体系整合	前人总结的经验、知识和技能，较系统	重点多，学习量较大
学习形成	团队与个人共同学习	人数不能太多，开展规模受限	个人自主学习	略显生涩、单一
学生角色	活动的参与者，易于感悟真谛	随机性大，不利于掌握规律	角色相近，易于教学进程开展	知识的接受者，缺乏主动性
学习方式	主动探索，师生共同主导	教学尺度难以规范	利于统一安排	教师主导，学生被动接受
学习主体	以学生为主的师生双主体，利于沟通	局限性大，沟通范围受限	由教师主导的学生主体	不利于师生交流
学习特点	个性化、现实化	灵活，但知识量较小	标准化、理论化	教条，结合实践的能力差
学习环境	未知新奇、灵活多变，不重身份	投入大，利用率低，危险系数增加	限制性，固定化，强调身份	缺乏新鲜感，容易厌倦
学习过程	探索式	多向沟通，六大感官刺激，容易混乱	接受式	单向沟通，刺激单一
学习效果	素质能力全面提升，学以致用	周期长，知识总量不足	知识面宽，知识量大	高分低能，学用脱节

由于体验式学习受条件设施和开展规模、学习效果与学习时间、个体差异与发展思路的影响，它只能是传统教育的一种有益和必要的补充。体验式学习只有建立在传统的基础之上，才能够帮助人们在活动之后得到更深刻的反思，才能够更快捷、更准确地找到相关知识和实践的结合点，才能够将体验之后的价值和生活紧密相连。

第二节　团队与团队学习

一、团队的概念及要素

1. 团队的概念

团队是指为了实现某一目标由相互协作的个体所组成的正式群体。它是由员工和管理层组成的一个共同体。它合理利用每个成员的知识和技能协同工作，解决问题，达到共同的目标。《慧人慧语》中说："团有才字，队有人字，优秀团队聚集人才。"也就是说，团队应该是人才的聚集之地。一个人再优秀，总会有劣势需要其他成员进行补充。一个人有再大的才能，单枪匹马也不能成为英雄，团队是现代组织工作的基本协作形式。

2. 团队的要素

团队有几个重要的构成要素，分别是目标、人、定位、权限和计划，简称5P要素。

（1）目标（Purpose）。团队应该有一个既定的目标，为团队成员导航，没有目标，这个团队就没有存在的价值。

（2）人（People）。人是构成团队核心的力量，3个或3个以上的人才可以构成团队。目标是通过人员具体实现的，人员的选择是团队中非常重要的一个部分，不同的人通过分工来共同完成团队的目标。

（3）定位（Place）。需要明确团队的定位与个体的定位。团队在组织中处于什么位置？由谁选择和决定团队的成员？团队最终应对谁负责？团队采取什么方式激励团队成员？个体在团队中扮演什么角色？是制订计划还是具体实施或评估？

（4）权限（Power）。团队在组织中的权限与组织大小和组织授权有关。团队中领导人的权力大小与团队的发展阶段相关，团队越成熟，领导者所拥有的权力相应越小，在团队发展的初期领导权相对比较集中。

（5）计划（Plan）。目标最终的实现，需要一系列具体的行动计划，可以将计划理解成为目标的具体工作程序。只有在计划的操作下团队才会贴近目标，从而最终实现目标。

二、团队建设与团队精神

1. 团队建设

团队建设是事业发展的根本保障，团队运作是业内人士通过长期实践得出的经验总结。团队的发展取决于团队的建设。团队建设应从以下几个方面进行：

（1）组建核心层。团队建设的重点是培养团队的核心成员。俗话说："一个好汉三个帮。"领导人是团队的建设者，应通过组建智囊团或执行团，形成团队的核心层，充分发挥核心成员的作用，使团队的目标变成行动计划，从而使团队的业绩得以快速增长。团队核心层的成员应具备领导者的基本素质和能力，不仅要知道团队发展的规划，还要参与团队目标的制订与实施，使团队成员既了解团队发展的方向，又能在行动上与团队发展方向保持一致。大家同心同德、承上启下，心往一处想，劲往一处使。

（2）制订团队目标。团队目标来自团队的发展方向和团队成员的共同追求。它是全体成员奋斗的方向和动力，也是感召全体成员精诚合作的一面旗帜。核心层的成员在制订团队目标时，需要明确本团队目前的实际情况。例如，团队处在哪个发展阶段，是组建阶段、上升阶段，还是稳固阶段？团队成员存在哪些不足，需要什么帮助，斗志如何？制订目标时，要遵循目标的SMART原则，即S——明确性、M——可衡量性、A——可接受性、R——实际性、T——时限性。

（3）训练团队精英。训练团队精英是团队建设中非常重要的一个环节。建立一支训练有素的销售队伍，能给团队带来很多益处，如提升个人能力、提高整体素质、改进服务质量、稳定销售业绩。一个没有精英的团队，犹如无本之木；一支未经训练的队伍，犹如散兵游勇，难以维持长久的繁荣。训练团队精英的重点在于以下两个方面：

①建立学习型组织：让每个人认识到学习的重要性，尽力为他们创造学习机会，提供学习场地，表扬学习进步快速的人，并通过一对一沟通、讨论会、培训课、共同工作等方式营造学习氛围，使团队成员在学习中成为精英。

②搭建成长平台：团队精英的产生和成长与他们所在的平台有直接关系，一个好的平台，能够营造良好的成长氛围，提供更多的锻炼和施展才华的机会。

（4）培育团队精神。团队精神是指团队成员为了实现团队的利益和目标而相互协作、尽心尽力的意愿和作风。它包括团队的凝聚力、合作意识及士气。团队精神强调的是团队成员的紧密合作。要培育这种精神，首先，领导人要以身作则，做一个团队精神极强的楷模；其次，在团队培训中加强团队精神的理念教育；最后，要将这种理念落实到团队工作的实践中。一个没有团队精神的人难以成为真正的领导人，一支没有团队精神的队伍是经不起考验的队伍，团队精神是优秀团队的灵魂、成功团队的特质。

（5）做好团队激励。每个团队成员都需要被激励，领导人的激励工作做得好坏，直接影响到团队的士气，最终影响到团队的发展。激励是指通过一定手段使团队成员的需要和愿望得到满足，以调动他们的积极性，使其主动地将个人的潜力发挥出来，从而确保既定目标的实现。

2. 团队精神

简单来说，团队精神就是大局意识、协作精神和服务精神的集中体现。团队精神的基础是尊重个人的兴趣和成就，核心是协同合作，最高境界是全体成员的向心力、凝聚力，也就是将个体利益与整体利益统一后从而推动团队的高效率运转。团队精神的形成并不要求团队牺牲自我；相反，挥洒个性、表现特长保证了成员能够共同完成任务目标，而明确的协作意愿和协作方式能够产生真正的内心动力。

团队与群体的主要区别在于：团队更强调个人的主动性，团队是由员工和管理层组成的一个共同体。该共同体合理利用每个成员的知识和技能协同工作，解决问题，达到共同的目标。群体则强调共同性。两者具体区别如下：

（1）领导方面。群体有明确的领导者；团队则不一定，尤其发展到成熟阶段，团队成员共享决策权。

（2）目标方面。群体的目标必须与组织保持一致；团队中除这点外，还可以产生个人的目标。

（3）协作方面。群体的协作性可能是中等程度的，有时成员还有些消极、有些对立；团队中是一种齐心协力的氛围。

（4）责任方面。群体的领导者要负主要责任；团队中除领导者要承担责任外，每个成员也要承担责任。

（5）技能方面。群体成员的技能可能是不同的，也可能是相同的；团队成员的技能是相互补充的，团队将不同知识、技能和经验的人组合在一起，形成角色互补，从而实现整个团队的有效组合。

（6）结果方面。群体的结果是每个个体的绩效简单相加之和；团队的结果是由团队所有成员共同合作完成的产品。

拓展阅读

测测你的团队合作精神

当今社会的竞争日趋激烈，信息量呈几何级增长。一个组织的成功不能仅仅依靠某一个人单枪匹马作战，因此，团队合作精神的重要性不言而喻。没有团队合作精神的人，将很难在这个社会立足。那么来看看你的团队合作精神如何？

1. 当班级来了一个新同学时，你会（   ）。
   A. 这与我没有太大关系
   B. 主动和他／她打招呼，帮助他／她尽快适应学校
   C. 他／她跟我主动打招呼后再去帮助他／她

2. 当班级组织体育活动时，你会（   ）。
   A. 积极参与，即使自己体育不太好也会在旁边加油
   B. 不是强迫参加就不参加，忙自己的事情更重要
   C. 自己喜欢的项目就参加，不喜欢的就不参加

3. 当你和朋友一起聚餐点菜时，你会（   ）。
   A. 点自己最喜欢吃的菜
   B. 点大多数朋友都比较喜欢吃的菜
   C. 点自己喜欢、大家也能吃的菜

4. 和几个朋友一起约定去景点玩的时候，你会（   ）。
   A. 总是比约定时间早到几分钟
   B. 一般是最晚到，让别人等你
   C. 有时候早到，有时候晚到

5. 你所参加的球队打比赛失败了，你会（   ）。
   A. 抱怨那些没打好的人
   B. 鼓励大家不要气馁
   C. 让大家一起找出原因

6. 同学遇到不会做的题，而你正好会做，你会（   ）。
   A. 如果是自己的竞争对手就不告诉他
   B. 给他讲一遍，如果还是不懂，就让他去问别人
   C. 耐心地给他讲解，直到他听懂为止

7. 宿舍同学生病的时候，你会（　　）。
   A. 与自己关系好就照顾，不好就算了
   B. 认为人人都应该学会照顾自己，不能指望别人
   C. 仔细照顾他，为他做一些力所能及的事情

8. 宿舍熄灯后，你一般（　　）。
   A. 已经忙好事情躺在床上了
   B. 忙一些事情，不时发出声响
   C. 忙一些事情，但尽量轻手轻脚

9. 你的好朋友这次考试比你成绩好，你会（　　）。
   A. 衷心地向他表示祝贺，并向他请教
   B. 表面表示祝贺，心里不太舒服
   C. 心里很不舒服，暂时先不理他

10. 对于那些学习成绩很差的人，一般情况下，你会怎样看待他们？（　　）
    A. 他们天生就比较笨，不想和他们打交道
    B. 他们可能是不够勤奋，再努力点就好了
    C. 他们在某些方面有我所不具备的优点

11. 当你和能力不如你的小组成员一起完成一项活动时，你会（　　）。
    A. 自己一个人干算了，免得他们做不好我还得重做
    B. 自己做最重要的部分，其他的分给他们做
    C. 按照每个人的情况，合理分工，共同完成任务

12. 当班级大扫除时，某个同学临时有事不能完成他的任务，你会（　　）。
    A. 主动去分担他的工作
    B. 不是分内的事情自己才不理会
    C. 这次替他干，下次值日让他帮自己干

答案：

选项\题号	1	2	3	4	5	6	7	8	9	10	11	12
A	0	2	0	2	0	0	1	2	2	0	0	2
B	2	0	2	0	2	1	0	0	1	1	1	0
C	1	1	1	1	1	2	2	1	0	2	2	1

测试分析：

17~24分：你是一个很有合作精神的人。遇到事情你能够考虑到其他人，因此大家都愿意和你共事，你会有很不错的发展。

10~16分：你的团队合作精神中等。一般情况下你能够注意别人的感受，但是需

要加强对合作重要性的认识，这样你会更受欢迎。

10分以下：你的团队合作精神很差，需要有意识去培养。在当今社会，学会和别人合作，能够让你取得更大的成就。

小提示：毕业后发展好的同学不见得就是曾经成绩好的同学，反而有可能是那些愿意帮助别人的同学。如果你在本次测试中，团队合作精神不理想，那么请给自己一个目标，在团队拓展训练中好好表现，给自己一次挑战，突破自我，并真正享受帮助别人的乐趣，加油！

三、团队沟通与团队激励

1. 团队沟通

对于团队和组织来说，沟通是一个永远的工作，也是一个必需的工作。沟通无处不在，沟通的内容也包罗万象。一份调查结果显示：团队普通成员每小时有16~46分钟是在进行沟通，而团队管理者工作时间的20%~50%是在进行各种语言沟通，如果将文字沟通，包括各种报告和E-mail增加进去，会高达64%。但遗憾的是，很多团队的弱项还是沟通。因此，有人认为阻碍团队工作顺利开展的最大障碍就是缺乏有效的沟通。

不良的沟通会给团队和组织带来很大危害，人际关系、团队的士气、个人及团队的发展都会受到影响。良好的沟通有助于团队的文化建设及团队成员士气的提高。有效的沟通应遵循五项原则，即双向互动的交流、取得一致的观点和行动、能提供准确的信息、获得正确的结果及双方的感受都较愉快。

作为一个团队，做到高效的沟通是非常重要的。而沟通是信息传递的重要方式，只有通过沟通，信息才能在部门与部门之间、员工与员工之间得以传播。工作的开展很大程度上就是通过从上到下的层层沟通才得以进行的。

2. 团队激励

所谓激励，就是指通过设计适当的外部奖酬形式和工作环境，以一定的行为规范和惩罚性措施，借助信息沟通，来激发、引导、保持和规划组织成员的行为，以有效地实现组织及其成员目标的系统活动。

（1）激励内容。团队激励内容包含以下几个方面：

①激励的出发点是满足组织成员的各种需要，即通过系统设计适当的外部奖酬形式和工作环境，来满足组织成员的外在性需要和内在性需要。

②科学的激励工作需要奖励和惩罚并举，既要对成员表现出来的符合团队期望的行为进行奖励，又要对不符合期望的行为进行惩罚。

③激励贯穿于团队活动的全过程，包括对个人需要的了解、个性的把握、行为过程的控制和行为结果的评价等。因此，激励员工工作需要耐心。赫兹伯格说，如何激励员工——锲而不舍。

④信息沟通贯穿于激励工作的始末，从对激励制度的宣传、对个人的了解到对成员行

为过程的控制和对成员行为结果的评价等，都依赖于一定的信息沟通。团队中信息沟通是否通畅，是否及时、准确、全面，直接影响着激励制度的运用效果和激励工作的成本。

⑤激励的最终目的是在实现组织预期目标的同时，也能让成员实现其个人目标，即达到团队目标和个人目标在客观上的统一。

（2）激励方式。

①奖励激励。奖励激励就是将几种奖励的办法展现在团队成员面前，谁做得到，就可以拿到这些奖励。奖励激励对成员向新的目标冲击能起到积极的推动作用。

但奖励激励也有局限性：一旦把奖励的内容取消，就很难让成员多做一点，奖励激励会使人们产生依赖心理。

②威胁激励。国外一些公司的大裁员就是一种威胁激励方式。当合格员工的数量多，而工作机会少时，威胁激励的方式使用得比较多。

威胁激励在一定时期内能取得积极的成效，劳动生产力确实会提升。但如果经常采用威胁激励，则会使成员产生不安全感：我究竟能够在这个公司生存多久？要不要把我整个职业生涯都与这个企业联系在一起？威胁激励一旦运用频繁，可能会导致内部不稳定。

③个人发展激励。最好的激励方式是个人发展激励，这是团队从长远角度考虑的一种激励方式。它将成员追求自我发展的目标与团队的目标融为一体，是最大限度地激励成员的办法。

工作中最重要的因素莫过于工作动机，领导者必须清楚了解成员的工作动机，才可能采取适当的方式来激励成员。

知识拓展：
团队角色领导

知识链接

牢牢把握团结奋斗的时代要求

团结就是力量。一百多年来，中国共产党一直强调团结，高度重视团结。新民主主义革命时期，我们通过统一战线凝聚了广泛力量，实现民族独立、人民解放，彻底结束了旧中国半殖民地半封建社会的历史，彻底结束了旧中国一盘散沙的局面。进入社会主义革命和建设时期，特别是改革开放和社会主义现代化建设新时期，我们继续团结一切可以团结的力量，完成社会主义革命，推进社会主义建设，进行改革开放和社会主义现代化建设，取得一系列历史性成就。中国特色社会主义进入新时代，我们党继承优良传统，更加重视团结，统筹中华民族伟大复兴战略全局和世界百年未有之大变局，凝聚起实现中华民族伟大复兴的磅礴力量，紧紧依靠人民，稳经济、促发展、战贫困、建小康、控疫情、抗大灾、应变局、化危机，攻克了一个个看似不可攻克的难关险阻，创造了一个个令人刮目相看的人间奇迹。

奋斗开辟未来。无奋斗不成功，奋进新征程、建功新时代必须依靠团结奋斗。我们当前最重要的任务，就是牢牢把握团结奋斗的时代要求，撸起袖子加油干，一步一个脚印把党的二十大作出的重大决策部署付诸行动、见之于成效。我们完全有理由相信，在以习近平同志为核心的党中央坚强领导下，在习近平新时代中国特色社会主义思想的科学指引下，一定能够完成党的二十大提出的新目标、新任务，向着全面建设社会主义现代化国家、全面推进中华民族伟大复兴的目标继续前进。

第三节　冒险学习与避险求生学习

一、冒险学习

冒险学习又称野外培训或户外培训，主要是利用有组织的户外活动来开发团队协作和领导技能。它适用于开发与团队效率有关的技能，如自我意识、问题解决、冲突管理和风险承担。冒险学习具有以下特点：

（1）冒险学习允许受训者在没有正式规定的准则下进行人际交往。这种环境对那些将自己融入一个有凝聚力的团队的员工来说非常关键。

（2）冒险学习的实践使受训者共享一段具有感情色彩的经历，能够帮助受训者打破原有的行为方式，自愿改变自己的行为。

（3）在工作中会发生与在冒险学习实践中类似的行为，因而，通过分析练习中发生的行为，受训者就可以知道什么是无效行为，什么是有效行为。

二、避险求生学习

1. 规避风险，防患于未然

对项目的难度和风险进行分析，找出活动中风险较大的部分进行监控，并且教师应指导学生立即停止即将出现不可控的风险的行为，避免风险转化为事故。例如，在求生墙活动中，施救最后一位同学有多种方式，但是如果出现拉着一位同学的脚踝让他去连接地面上的情况，教师一定要及时叫停，因为这种施救方式伴有极大的风险，在活动中是不允许出现的。

2. 将风险的危害最小化

风险是一直存在的，我们要做的就是尽量降低危险发生的可能性，将不可避免的风险最小化，通过合理的风险管理手段使其结果达到人们可接受和理解的范围。例如，在"信任背"摔项目中，学生倒向"人床"的过程中会产生一定的冲击力，如果"背摔"的学生不能调整好自己的姿势，或"人床"中有一人或多人因为害怕而松手，就会导致事故的出现，因此，教师在活动进行前一定要做好学生的心理工作，避免因为一时的害怕做出保护自己的动作而伤害到其他同学。

3. 利用风险管理使活动利益最大化

在安全的边缘进行挑战是参与者经历的一个方面，努力地将风险转化为安全才能获得成功的体验。素质拓展训练都制定有一定的安全准则，但不能完全保证人们的安全，真正的安全不是通过墨守成规来实现的，而是要在不同的情况下学会随机应变，根据不同的环境制订不同的行动方案。因此，灵活运用安全预案对应对风险是非常重要的。

思考题

1. 体验式学习的特点有哪些？
2. 简述团队的要素。
3. 团队建设应从哪几个方面进行？
4. 简述团队激励的内容。

第三章
素质拓展训练的实施

学习目标

知识目标：
1. 了解素质拓展训练场地的概念及作用，熟悉素质拓展训练场地的建设及维护。
2. 熟悉素质拓展训练的安全器材，掌握简单急救方法、野外急救常识及技巧。
3. 了解素质拓展训练课程的课前准备工作，掌握素质拓展训练的实施环节及实施内容。

能力目标：
能够进行信息收集与整理，并能够构建拓展训练方案。

素质目标：
具备科学体能训练的观点、知识，认真倾听他人的意见，理解和包容他人，理性地对待当前的情况。

项目导入

素质拓展训练课程在对学生进行体能、技能的磨炼时，需要专业的拓展设备，需求必须在特定的环境与设施上进行操作练习，这与传统的学校体育教学设施大不相同。因此，在教学过程中，应根据学校的实际情况，尽量完成与课程相配套的教学、时间场所的建设，以符合学校的发展，以及学校教育目标的安全实现。

第一节 素质拓展训练的场地

一、素质拓展训练场地的概念及作用

素质拓展训练场地一般可分为自然场地和人造场地两种。一般来说，自然场地是将野外的自然环境作为开展户外拓展训练的场所；人造场地是人工建造拓展训练器械、模拟一种自然环境所形成的训练场所。随着拓展训练培训的发展，目前一些培训机构还将自然场地和人造场地相结合，发展旅游事业。素质拓展训练场地的变化也是随着素质拓展行业的变化而不断更新。

高校素质拓展训练对于场地的选择是至关重要的，我们一般根据场地对项目进行不同的设计，其产生的培训效果也是不同的，场地的现实情况也需要在不断的项目实践中进行改进与维护，这样才能保证课程有效、安全地进行。

如今，高校开设的素质拓展课程已经得到大力的支持和认可，是校园建设的一道特殊的风景线。许多学校根据校园的建设情况、地形特征、空间面积，开发出专属课程建设的资源，除运动场外，一般利用学校比较偏僻、边角的闲置区域，建设一些简易、经济适用的针对课程项目的场地，其主要任务是为授课服务。

拓展训练课程在对学生进行体能、技能的磨炼时，需要专业的拓展设备，要求必须在特定的环境与设施上进行操作练习，这与传统的学校体育教学设施大大不同。因此，在教学过程中，应根据学校的实际情况，尽量完成与课程相配套的教学、实践场所的建设，以及教学装备的购置。

二、素质拓展训练场地的建设

素质拓展训练场地可以结合学校的地形和其他活动场地之间的空地，创建一个经济适用的拓展园地。学校拓展训练场地的建设主要有以下类型：

（1）以学校体育教学为主，由学校体育部门进行建设与管理，为拓展课程的开展提供保障。

（2）以满足社会需求为目的的培训活动，与社会培训机构一同合作建设拓展场地，学生集中参加培训。

（3）将场地建设在校园外，以天然的复杂环境作为依托建设场地，学校提供师资力量，可以供需要参加野外作业专业学生的学习使用。

素质拓展训练场地的建造重点是场上固定训练设施的建设，如何使素质拓展训练场地在使用时更加安全和便捷，符合学生活动时人体的结构与生物力学特点，同时又满足素质

拓展训练场地的国家标准，这些都是素质拓展训练场地建设时需要考虑的问题。

素质拓展训练场地建设的材料主要是钢材和木材，钢材需要选用不同规格的国标材料，并且表面应进行防腐防锈处理，原则上钢架立柱的连接数量不超过两根，横梁要求一根通体的材料连接两端。木料最好选用耐风化的原木，为了增加美观，可以进行适当的加工，但表面必须打磨平整并作防裂缝处理，条件允许的情况下可以进行高压防腐处理，辅料的使用需要选择质量有保障的材料。

另外，素质拓展训练场地的摩擦系数、地面的缓冲材料、照明条件、库房设施，以及广播通报等设施，都应在建造中体现出来，只有这样才能应付各种各样的干扰，使教学活动顺利开展。

三、素质拓展训练场地的维护

素质拓展训练场地的维护是确保拓展场地能够正常使用的重要保障。设立明确的告示与管理制度、严格的人员岗位责任制度、健全的设施设备维修制度都是维护素质拓展训练场地的重要举措。用于保护的钢丝绳要定期进行检查与维护，使用5年以上或使用频率较高的训练设施要及时更换钢丝绳，如图3-1所示，否则可能在受到冲力或较大的拉力时断裂。

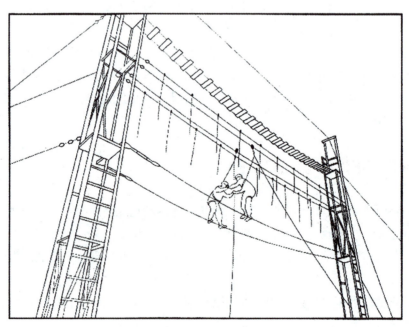

图3-1　素质拓展训练中使用钢丝绳的项目

另外，还要定期检查连接处是否牢固，包括保护钢丝绳的两端六个卡头是否松动，斜拉线和螺栓线连接部位是否松动。检查钢丝绳的使用状况和承受变形情况，以及卡扣的稳定度；地基是否出现裂纹，细小裂纹较多或超过1 cm应停止使用并及时检修；焊接出现脱焊或出现裂纹大于 5 cm，应停止使用并检修。每学期开学或放假前，或单个项目使用人数超过 100 人次之后，拓展教师或维修人员就应对设备上方的钢丝绳卡扣进行检查，发现有松动应及时拧紧并记录在案。

除保持日常巡查和加强日常维护保养外，每学期期末还应进行集中大检查，并利用寒暑假期间进行集中处理，以保证素质拓展训练场地及其设施处于良好状态。

拓展阅读

素质拓展训练场地的安全保障

素质拓展训练的场地作为学校体育场地设施之一，存在其特殊性。场地的建设以各种地形条件、周围环境、天气情况的不同存在风险性。另外，素质拓展训练场地的直接风险就是空中设施带来的隐患，这种隐患既包括设施本身，也包括设施的使用频率和年限等。为了保障学生安全，需要在以下五个方面引起重视：

（1）场地的选址非常重要，场地的建设要注意周围的自然环境，尽量不要建设在有大风出入的地方。

（2）为了避免外界的干扰，素质拓展训练的场地尽量建立在比较独立封闭的空间，这样能够保证活动项目的顺利进行。

（3）器械的组合和安全固定非常重要，在场地的建设时，我们应将多个项目组合到一起，这样不仅可以增强设施的稳固性，还可以节省空间、节省成本。

（4）选择符合国家标准的建造材料，做工要细致，特别是在场地设施的焊接点上，要严格把关。对于高空项目中钢丝绳的选择要考虑到师生绝对的安全。

（5）对于场地上高空项目的攀爬器械，在课程结束以后要及时拿掉，素质拓展训练的场地最好可以独立，或者由网拦住，非使用期限可以将场地关闭，以防止学生随意攀爬造成意外事故。

知识拓展：大学生素质拓展的安全保障体系

第二节　素质拓展训练的安全器材

器材的选择、采购、使用、保养与维护，对于素质拓展训练的正常开展非常重要。各种器材的质量和使用方法对于主讲人和学生的安全至关重要，对于学生完成活动、增长经历也有特殊价值。下面对一些常用器材进行介绍。

一、头盔

无论参加场地拓展的高空项目，还是野外拓展中的攀爬与下降项目、水上项目或绳索项目，我们都应该戴上头盔。值得一提的是，许多主讲人虽然十分注重学生对头盔的使用，但自己却常常忘记戴上头盔。主讲人戴头盔，在确保自身安全的同时，也是在向学生传递一种安全的理念。

我们一般选择一些质量较好、功能简单的传统头盔，这类头盔具有款式经典、质量轻、舒适性和透气性好的特点。它们大多采用聚乙烯材料（PC）的外壳，内层采用尼龙材料，外壳与内层之间采用无铆钉连接，使总体舒适感增加（图3-2）。简单快速的颈部收紧系统，可以随时将头盔调节到一个最舒适的松紧度。通风孔和透气材料的应用可以降低头盔内的温度并帮助排汗。

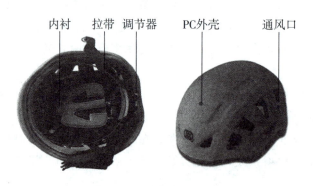

图3-2 头盔内外结构

二、安全带

登山运动的初期是没有安全带的，攀爬者通常将绳子系在腰间，通过增加腰间的摩擦来实施保护。但是这种方式的缺陷是显而易见的，肋骨会因为受力增加而产生剧烈的疼痛感，并且这种疼痛不会因为攀登的结束而终止，会在攀登结束后持续一段时间，所以，安全带的使用是很有必要的。安全带的设计有两个最终目的，即承受冲坠力和分散拉力。

常用的安全带可分为三种，即全身式安全带、胸式安全带和坐式安全带。

（1）全身式安全带（图3-3）。全身式安全带多在"空中跳跃"等项目中使用，人们受力时，受力方向垂直于地面，竖直向上，可以将拉力均匀地分散到腿、胸、背，能够防止人在空中翻腾。它的缺点是如果冲坠过于猛烈，它会不断地转动，使攀爬者眩晕，而且有可能会使脖子受伤。全身式安全带因为穿脱不方便等缺点已逐渐退出攀岩登山舞台，多运用在工业或一些拓展活动中。

（2）胸式安全带（图3-4）。胸式安全带可以让使用者在出现意外时不至于头下脚上，在某些特殊情况下使用胸式安全带还是非常必要的，如"空中单杠"，如果没有全身式安全带可供使用,就必须用胸式安全带作为配合,但胸式安全带不能单独使用。胸式安全带的缺点是冲击力较大,上半身承受过大的压力,使用不当会造成危险的后果。

(3)坐式安全带(图3-5)。坐式安全带也称半身式安全带,主要由腰带和腿带构成,可分为全可调和半可调两种。传统的全可调坐式安全带的腰带和腿带均为宽带制成,腿带和连接环为一根完整的宽带,确保结实牢固,穿戴方便,适合学生在素质拓展训练中使用。

现在许多安全带的腰带和腿带都可以调整,腰带采用独特的喇叭口外形设计,可以提供更理想的支撑和舒适度,使行动更加自如。全可调坐式安全带腰部调整范围为60~100 cm,腿部调整范围为45~72 cm,大多有装备环。

图3-3 全身式安全带

图3-4 胸式安全带

图3-5 坐式安全带

三、拓展绳索

拓展绳索的作用是非常重要的。通常运用的绳索包括三种:一是全程保护学生的上升、通过、跳跃或下降的动力绳,如"空中单杠"项目用绳;二是固定在场地器械上的用于连接上升器或自动制动器,保护学生攀爬时上升或下降的静力绳,如"高空断桥"项目立柱连接上升器或自动制动器的用绳;三是用于双手抓握的不同粗细的麻绳,沿绳攀爬或摆动时使用,如"飞越急流"的秋千绳。

许多时候,绳索只是在出现意外时才会使用。例如,在"高空断桥"的项目中,在断桥上时,绳索只是起到意外失手的保护作用,有时候我们可以想象绳索并不存在,但需要注意的是,无论我们有多大的"把握",绳索是绝对不可以摘除的。

素质拓展训练经常使用的保护绳和登山与攀岩活动中的用绳相同(图3-6)。所有的高空项目都会用到保护绳,拓展行业中所说的保护绳也就是攀登中的登山绳,也称为动力绳。我们对保护绳进行较细致的介绍,是为了最大限度地降低高空项目的风险性,使拓展训练具有更高的安全性(表3-1)。保护绳在拓展训练中是最重要的器材装备,上升、下降和跳跃等各项活动都需要保护绳的保护。铁锁、安全带等众多器材也只有和保护绳结合起来才能发挥作用。

动力绳　　　　　　静力绳　　　　　　扁带

图 3-6　动力绳、静力绳和扁带

表 3-1　保护绳的类型和作用

类型	作用
动力绳	动力绳因为有一定的延展性，故能有效地承受攀登者坠落时产生的冲击力，又不会对人体造成不必要的伤害
静力绳	下降专用，其延展性近似为 0，不能用于保护会产生冲坠的攀登
扁带	可以根据需要截成长短不一的绳套，用于器材之间的连接或固定空中作业者，其延伸性近似为 0

四、锁具

在使用锁具前必须仔细检查是否有裂痕。锁具开口的开启、闭合要平顺，没有阻碍，在承受一个人的质量时，开口能够打开。锁具在使用一段时间后，开口易粘住打不开，可能是开口或锁口有损伤的刻边，也可能是污物积在枢纽或弹簧处。损伤的刻边可以用锉刀小心磨掉。开口生锈、清除枢纽或弹簧处的污物时可以使用煤油、溶剂或汽油等滴在枢纽弹簧的孔内，并开闭开口直到平顺为止，然后将铁锁放在沸水内煮，除去清洁油剂。如果打不开是由开口弯曲造成的，锁具就不能再使用了。锁具包括 D 形锁、O 形锁和改良 D 形锁等，如图 3-7 所示。锁具的类型、材料与作用见表 3-2。

  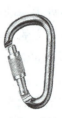

D 形锁　　　　O 形锁　　　改良 D 形锁

图 3-7　锁具

表3-2 锁具的类型、材料与作用

类型	材料	作用
D形锁	铝合金或钛合金	几乎全部负荷是由开口对面的长边承受，因此承受拉力大
O形锁	钢	负荷由两边平均分担，优点是摩擦力小，缺点是承受拉力小
改良D形锁	铝合金或钛合金	体积小，腰果形，开口大，操作方便

在锁具的使用过程中，需要注意以下几点：

（1）由于铝合金与钛合金的特殊材质，锁具如果从1 m多的高空平落在坚硬的地面或快速撞击在硬物上，就必须放弃使用了，以防止锁具内部产生裂痕，在受到强大拉力时断裂。

（2）在穿半身式安全带时，锁具除与自身摩擦外，一般不会与外物摩擦，因为多数锁门开口应朝向外侧，防止多次摩擦后丝扣打开。

（3）在"高空跳跃"项目中，由于冲击力较大，学生身上的保护点与保护绳之间必须用两把锁具，锁门方向相反，各连接一条保护绳。

（4）连接支点和保护绳不能连接3个以上的锁具，因为这样的连接会使锁具纠缠并且扭开。

（5）高空换锁时一定要先挂上锁，再摘下另一把锁，无论站在高台或参训者抱住固定物，任何时候不可以出现保护点完全摘除的情况。

在选择锁具时，要了解不同种类的锁具承受负荷的拉力。锁具自身的质量和价格都不同，要根据实际需要来选择。例如，普通的登山和攀岩使用的D形锁的质量一般为50 g左右，而带保险丝扣的保护锁具的质量在100 g左右，价格上差距也很大。除使用UIAA字样的锁具外，建议使用同一个品牌的锁具和配套保护器材，因为不同品牌的产品有时并不匹配。

五、8字环

8字环是最普遍的保护器材（图3-8）。它经常用于拓展训练的高空项目，保护人员通过主绳的连接在下方保护学生的安全。学生在上升、跳跃、通过与下降时，能够感受到来自地面的保护。而保护中非常重要的一个器材就是制动装置，其中最常用的就是8字环。它的作用是利用主绳的摩擦力来确保同伴和自己下降时的安全。

8字环在使用过程中简单易学。初学者可以避免一些失误。在拓展中，建议最好使用8字环。

图3-8 8字环

六、上升器和止坠器

上升器和止坠器都是在拓展训练的高空项目中爬上高架时经常使用的安全保护器材（图3-9）。它们一般需要在高架上下两端固定连接的路绳上使用。上升器一般是手柄式上升器，在上升时用手推动就可以使其沿绳上升，遇到人员脱落下坠时起到阻止下坠的作用。上升器主要在主讲人摘挂保护装备时使用。由于使用不当会出现安全隐患，一般不建议初学者使用上升器。

止坠器在攀爬保护时无须人工操作就可以沿路绳跟随攀爬者上下移动，无论是在垂直还是在斜拉的路绳上都可以很好地发挥作用。它最好在10.5~13 mm的静力绳上使用。止坠器可以在瞬间制停下跌、下滑和不受控制的下落，好的止坠器可以在30 cm的滑动距离内有效阻止下跌。许多时候，止坠器必须与原配O形锁和势能吸收器联合使用。

上升器   止坠器

图3-9　上升器和止坠器

拓展阅读

大学生素质拓展训练的器材安全保障

素质拓展训练课程中使用各种器材以保护学生的安全，增强课程的实效性，更好地完成课程的任务，实现课程的目标。保护器材的选择与使用对于素质拓展训练的安全保障起着至关重要的作用，对学生的身心安全有着不可替代的作用，器材的选择必须遵循以下几点。

1. 器材的购置必须符合标准

器材必须从正规的渠道购置，主要有保护绳、头盔、安全带、锁具、下降器等，要检查产品的产地、规格、生产日期和认证机构等，购买时必须索要产品使用介绍和销售发票，无论在什么情况下，尽量不购买已经使用过的保护器材。

2. 器材的要求必须严格执行

我们必须按照严格的要求进行器材的淘汰处理，可以参照器材的标准，进行及时的更新换代。

3. 辅助器材的安全使用必不可少

在素质拓展训练过程中，我们需要采用一些辅助性器械保证学生的安全，例如，信任背摔下面要放上海绵垫，确保师生能够得到最大的安全保障。

场地与器材的安全是素质拓展训练的基本保障。如果学校有多位教师担任素质拓展训练课程的主讲人，教师之间应该互通安全隐患的检查问题，共同解决在课程中器材使用时产生的安全隐患。无论课程设置多么有意义，在没有安全保护的前提下，坚决不能强行开展训练。

第三节　素质拓展训练的安全管理及急救方法

一、素质拓展训练的安全管理

安全管理是管理科学的一个重要分支。它是为实现安全目标而进行的有关决策、计划、组织和控制等方面的活动。它主要运用现代安全管理原理、方法和手段，分析和研究各种不安全因素，从技术上、组织上和管理上采取有力的措施，解决和消除各种不安全因素，防止事故的发生。

素质拓展训练从导入（宣讲安全注意事项）到毕业墙结束，每个环节和每个项目的安全内容都应该占有一定比例，并且是优先考虑的问题。因为素质拓展训练是户外活动，风险随时都存在。

在进行素质拓展训练之前都应制定安全原则，但这些原则经常被培训师有意无意地抛掷一边，认为这些原则的制定多此一举。一旦出现安全事故，往往是由于某项安全原则未被执行造成的。为了防止安全事故的发生，应该在素质拓展训练进行过程中严格按照安全原则执行。素质拓展训练的安全原则包括以下三个方面。

1. 备份原则

任何需要的器材，都必须安置备份器材。例如，"跳跃冲击性"项目必须有两套独立的绳索与主锁保护；"空中单杠"项目在进行保护的时候，需要在单杠的前后方各打一个保护点，两条独立的保护绳各自连接一个主锁，主锁锁门一侧系在连接点上，确保其中的任何一个都能起到保护的作用。

除器材的备份外，保护手法也需要双重准备，以使其中的任何保护都足以确保项目实施过程中学生的安全。例如，在完成"信任背摔"项目时，每个环节上都要有双重保护。当学生站在背摔台上后，主讲人一定要将其带到正确的位置上，绑扎好背摔绳。学生后倒时，主讲人必须确认方向后才松背摔绳。倒下后首先需要队友的双臂接住，要确保学生安全落在队友的弓步上。因此，接人队员的队形和站姿的安排也非常重要。

2. 行为原则

主讲人对项目进行中可能遇到的安全问题必须进行全程监控，杜绝任何安全隐患。例如，在完成"求生墙"项目时，主讲人与安全监护人员要全方位、多角度地监护整个过程，不合理动作一出现就要及时叫停、随时提醒，不仅要关注上爬的学生，还要留意在墙上的学生。另外，高空项目中要遵循换锁"先挂后摘"的原则和"互相保护"的原则。

3. 复查原则

所有的安全保护器材要合理使用，检查完成后必须再复查一遍。操作中大部分保护器材要多次检查，消除操作失误的可能性。例如，在完成"高空断桥"项目时，在学生上去前，主讲人首先要自己检查，然后队长与队友再检查一遍；当学生上到断桥上时，主讲人再次检查安全带是否穿戴正确，安全头盔是否扣好等。

二、简单急救方法介绍

素质拓展训练虽然有一定的保护措施，但风险依然是存在的。在事故发生时，我们不能单纯地等待医护人员到现场抢救，每个人都应该学会人工呼吸、止血、包扎、固定、搬运的方法和技巧，掌握自救和互救知识。只要抢救及时、正确、有效，就能最大限度地减少伤员的痛苦。

（一）人工呼吸法

人工呼吸法是指用人为的方法，运用肺内压与大气压之间压力差的原理，使呼吸骤停者获得被动式呼吸，维持最基础的生命。人工呼吸的方法很多，有口对口人工呼吸法、俯卧式人工呼吸法、仰卧式人工呼吸法等，但以口对口人工呼吸法最为方便和有效。

1. 口对口人工呼吸法

口对口人工呼吸法操作简便，容易掌握，而且气体的交换量大，接近或等于正常人呼吸的气体量。其具体操作方法如下：

（1）伤者取仰卧位，即胸腹朝天。

（2）清理伤者的呼吸道，保持呼吸道清洁。

（3）使伤者头部尽量后仰，以保持呼吸道畅通。

（4）救护人员站在其头部的一侧，自己深吸一口气，对着伤者的口（两嘴要对紧不要漏气）将气吹入。为使空气不从鼻孔漏出，此时可用一只手将其鼻孔捏住，当救护人嘴离开时，将捏住的鼻孔放开，并用一只手压其胸部，帮助呼气。这样反复进行，每分钟进行10~12次。

如果伤者的口腔有严重外伤或牙关紧闭时，可对其鼻孔吹气（必须堵住口），即口对鼻吹气。救护人员吹气力量的大小，依伤者的具体情况而定。一般以吹进气后，伤者的胸廓稍微隆起最为合适，如图3-10所示。

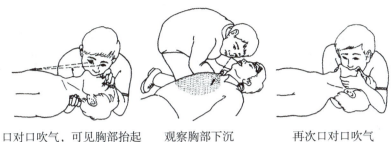

口对口吹气，可见胸部抬起　　观察胸部下沉　　　再次口对口吹气

图 3-10　口对口人工呼吸法

2. 俯卧式人工呼吸法

俯卧式人工呼吸法是人工呼吸中一种较古老的方法，应用较为普遍，如图 3-11 所示。由于伤者为俯卧位置，舌头能略向外坠出，不会堵塞呼吸道，救护人员不必专门来处理舌头，节省了时间（在极短时间内将舌头拉出并固定好并非易事），能尽早进行人工呼吸。其具体操作方法如下：

（1）伤者取俯卧位，即胸腹贴地，腹部可微微垫高，头偏向一侧，两臂伸过头，一臂枕于头下，另一臂向外伸开，以使胸廓扩张。

（2）救护人员面向伤者的头部，两腿屈膝跪地于伤者的大腿两旁，将两手平放在其背部肩胛骨下角（大约相当于第七对肋骨处）、脊柱骨左右，大拇指靠近脊柱骨，其余四指稍开微弯。

（3）救护人员俯身向前，慢慢用力向下压，用力的方向是向下、稍向前推压。当救护人的肩膀与伤者肩膀将成一直线时，不再用力。在这个向下、向前推压的过程中，即将肺内的空气压出，形成呼气。然后慢慢放松回身，使外界空气进入肺内，形成吸气。

（4）按上述动作反复有规律地进行，每分钟 14~16 次。

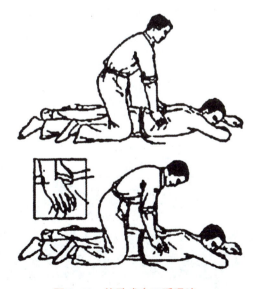

图 3-11　俯卧式人工呼吸法

3. 仰卧式人工呼吸法

仰卧式人工呼吸法便于观察伤者的表情，而且气体交换量也接近正常的呼吸量，如图 3-12 所示。但最大的缺点是伤者的舌头由于仰卧而后坠，阻碍空气的出入。所以，使用本方法时要将舌头按出。这种姿势，对于胸部创伤、肋骨骨折的伤者不宜使用。其具体操作方法如下：

（1）伤者取仰卧位，背部可稍加垫，使胸部凸起。

（2）救护人员屈膝跪地于伤者的大腿两旁，将双手分别放于乳房下面（相当于第六、七对肋骨处），大拇指向内，靠近胸骨下端，其余四指向外，放于胸廓肋骨之上。

（3）向下、稍向前推压，其方向、力量、操作要领与俯卧人工呼吸法相同。

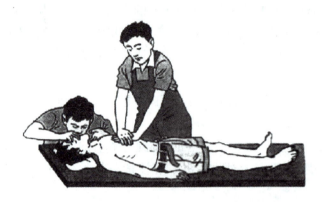

图 3-12　仰卧式人工呼吸法

（二）指压止血法

指压止血法是一种简单有效的临时止血法，多用于头部、颈部及四肢的动脉出血。其操作方法：根据动脉行走位置，在伤口的近心端用手指将动脉压在邻近的骨面上而止血；也可用无菌纱布直接压住伤口而止血，再用绷带或三角巾加压包扎，如图 3-13 所示。

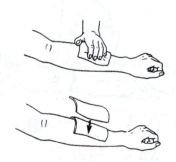

图 3-13　压迫包扎止血法

（三）包扎

外伤急救时，常常需要包扎伤口，及时妥善地包扎好伤口，可以压迫止血、减少感染、保护伤口、减轻疼痛，同时，也能起到固定敷料和夹板的目的。其包扎材料有急救包、三角巾、绷带、四头带等。三角巾前臂包扎法如图3-14所示。

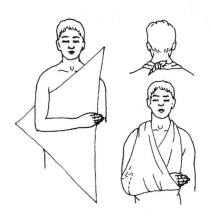

图3-14　三角巾前臂包扎法

包扎时需要注意以下几点：
（1）快。发现、检查和包扎伤口的动作要快。
（2）准。包扎部位要准确。
（3）轻。包扎动作要轻，不要碰压伤口，以免增加伤口流血量和疼痛感。
（4）牢。包扎牢靠、松紧适宜，打结时要避开伤口和不宜压迫的部位。
（5）细。处理伤口要仔细。

当救护人员找到伤口后，要先将伤者的衣服解开或脱掉，在紧急情况或寒冷的情况下，可将衣服剪开以充分暴露伤口，如果伤口中有异物，不可随意取出，以防止引起出血。在条件允许的情况下，伤口周围可使用酒精或碘酒消毒，接触伤口面的敷料必须保持无菌状态，防止加重感染。

（四）搬运伤员

搬运的目的是使伤者迅速脱离危险地带，减少痛苦，避免再受伤害，安全迅速地送往医院治疗，以免造成伤者残废。

1. 担架搬运法

担架搬运法是最常用的方法，适用于路程长、病情重的伤员。搬运时由3~4人将伤者抱上担架，使其头部向外，以便于后面抬的人观察其病情变化。如果伤者呼吸困难、不能平卧，可将伤者背部垫高，使伤者处于半卧位，以利于缓解其呼吸困难；如果伤者腹部受伤，要让伤者屈曲双下肢、脚底踩在担架上，以松弛肌肤、减轻疼痛；如果伤者背部受伤，则使其采取俯卧位。另外，为避免伤者在搬运途中摇晃，担架上的扣带应当固定好。

担架搬运法常用的搬运工具有帆布担架、被服担架、包裹式担架、充气式担架等。在没有担架的情况下，也可就地取材，用椅子、门板、床板、毯子、衣服、竹竿或梯子等代替，如图3-15所示。

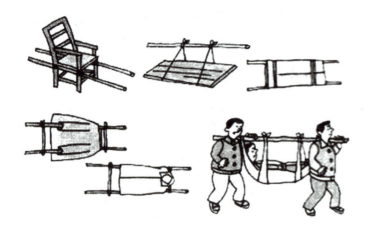

图 3-15　担架搬运法

2. 徒手搬运法

当在现场找不到任何搬运工具并且伤者情况不太严重时，可采用徒手搬运法。徒手搬运法主要适用于伤情较轻、搬运距离较短的情况。它还可分为单人搬运法、双人搬运法和多人搬运法，如图 3-16～图 3-18 所示。

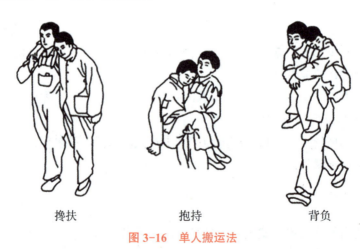

搀扶　　　　　　抱持　　　　　　背负

图 3-16　单人搬运法

双人椅式　　　平托式　　　拉车式

图 3-17　双人搬运法　　　　　　图 3-18　多人搬运法

3. 搬运的注意事项

不同的伤情应选用不同的担架，如脊椎骨折的伤者要使用硬担架或木板搬运、呼吸困难的伤者最好用椅式担架搬运等。抬伤者上担架时，应由3~4人分别托住伤者的头、胸、盆骨和腿，动作一致地将伤者平放到担架上，并将其固定在担架上。

抬着担架行走时应注意以下3个方面：

（1）前后两人的步伐应交叉，即前者先跨左脚，后者先跨右脚，以免担架颠簸、摇晃。

（2）上坡时，伤者的头部在前；下坡时，伤者的头部在后。

（3）冬季要保暖，夏季要防暑，并时刻观察伤者的伤情变化。

三、野外急救常识及技巧

（一）野外急救常识

1. 野外急救常识概述

野外无小事，任何一个小的问题，都有可能导致大的事故。在野外遇到突发性的病人或伤者，要根据不同情况采取相应的急救措施（越快处理效果越好），然后想办法尽快送医救治。

2. 野外急救的目的

抢救生命，降低死亡率；防止病情恶化；减轻病痛，减少意外伤害，降低伤残率。

3. 野外急救处理前观察

在做具体处理前，需要观察伤者全身，并掌握周围状况。判断伤病原凶、疼痛部位、程度如何，或将耳朵靠近伤者听听呼吸声，尤其要注意脸、嘴皮、皮肤的颜色或确认有无外伤、出血，查看意识状况和呼吸情形，仔细观察是否有骨折、创伤、呕吐的情况。随后要选择具体的处理方法，尤其对呼吸停止、昏迷、大量出血、中毒的情况，无论有无意识，发现者均应迅速做紧急处理，否则将危及伤者生命。

4. 野外急救观察后处理

在活动中发生的外伤或突发病情有很多种，所以，也需要施以各种适当的急救方法。在急救处理时，以伤者最舒适的方式移动身体。若伤者昏迷，需要注意确保呼吸道畅通，谨防呕吐物引起窒息死亡。为确保呼吸道畅通，需要让伤者平躺。若撞击到头部也要水平躺下；若脸色发青，需抬高脚部，而脸色发红者需要稍抬高头部；有呕吐感者，需要让其侧卧或俯卧。

5. 野外急救处理完毕后应注意事项

在紧急处理完将伤者交给医师之前，需要对伤者进行保暖，避免其消耗体力，以免症状恶化；然后联络医师、救护车、伤者家属。原则上，搬运伤者需要在充分处理过后安静地运送。搬运方法随伤者情况和周围状况而定。在搬运中，伤者很累时，要适度且有规则地休息，并随时注意伤者的病情。

6. 野外急救处理方式

伤者体位应为"仰卧在坚硬平面上"。如果伤者是俯卧或侧卧，在可能的情况下应将其翻转为仰卧，放在坚硬平面上，如木板床、地板上，或背部垫上木板，这样才能使心脏按压行之有效。不可将伤者仰卧在柔软物体上，如沙发或弹簧床上，以免直接影响胸外心脏按压的效果。注意保护伤者的头颈部。

翻身的方法：抢救者先跪在伤者一侧的肩颈部，将其两上肢向头部方向伸直，然后将离抢救者远端的小腿放在近端的小腿上，两腿交叉，再用一只手托住伤者的后头颈部，另一只手托住伤者远端的腋下，使头、颈、肩、躯干呈一整体同时翻转成仰卧位，最后，将其两臂还原放回身体两侧。

（1）打开气道。将伤者衣领扣、领带、围巾等解开，同时迅速将伤者口鼻内的污泥、土块、痰、呕吐物等清除，以利于呼吸道畅通。呼吸道是气体进出肺的必经之道。由于意识丧失，伤者舌肌松弛、舌根后坠、会厌下坠、头部前倾造成咽喉部气道阻塞。仰头举颏法可使下颌骨上举、咽喉壁后移而加宽气道，使气道打开，呼吸得以畅通。注意清除口腔内异物不可占用过多时间，整个开放气道过程要在 3~5 s 内完成，而且在心肺复苏全过程中，自始至终要保持气道畅通。

（2）看、听、感觉呼吸。伤者气道畅通后，抢救者利用看、听、感觉法检查 3~5 s，判断伤者有无自主呼吸。检查方法：抢救者侧头用耳贴近伤者的口鼻，一看伤者胸部（或上腹部）有无起伏；二听伤者口鼻有无呼吸的气流声；三感觉有无气流吹拂面颊感。

（3）人工呼吸。若伤者无自主呼吸，抢救者应立即对伤者实施人工呼吸——口对口（鼻）吹气 2 次，每次吹气时间为 1~1.5 s，每次吹气量应为 800 mL。

检查脉搏，判断心跳。抢救者可采用摸颈动脉或肱动脉等方法，观察伤者是否有脉搏搏动（5~10 s），判断伤者有无心脏跳动。检查时应轻柔触摸，不可用力压迫。为判断准确，可先后触摸双侧颈动脉，但禁止两侧同时触摸，以防止阻断脑部血液供应。若没有脉搏搏动，可实施胸外心脏按压术，挤压 15 次，挤压速度为 60~80 次/分钟。

挤压与吹气之比为 15：2，反复进行。连续做 4 遍或进行 1 分钟后，再检查脉搏、呼吸恢复情况和瞳孔有无变化。

（4）紧急止血。对有严重外伤者，抢救者还应检查其有无严重出血的伤口。若有，应当采取紧急止血措施，避免因大出血引起休克而致死亡。

（5）保护脊柱。因意外伤害、突发事件造成严重外伤的，在现场救治中，要注意保护脊柱，并在医生的监护下进行搬动转运，避免脊髓受伤或受伤脊柱进一步加重，造成截瘫甚至死亡。

7. 特殊情况处理

（1）被毒蛇、昆虫咬伤。在野外如被毒蛇咬伤，伤者会出现出血、局部红肿和疼痛等症状，严重时几小时内就会死亡。这时要迅速用布条、手帕、领带等将伤口上部扎紧，以防止毒液扩散，然后使用消过毒的刀在伤口处划开一个长 1 cm、深 0.5 cm 左右的刀口，用嘴将毒液吸出。如果口腔黏膜没有损伤，其消化液可起到中和作用，所以不必担心中毒。被昆虫叮咬或蜇伤时，可用冰或凉水冷敷后，在伤口处涂抹氨水。如果被蜜蜂蜇了，可用镊子等将刺拔出后再涂抹氨水或牛奶。

（2）骨折或脱臼。骨折或脱臼后，先用夹板固定，再用冰冷敷。从大树或岩石上摔下来伤到脊椎时，将伤者放在平坦而坚固的担架上，同时，不让身子晃动，然后送往医院。

（3）外伤出血。在野外备餐时如被刀等利器割伤，可用干净水冲洗，然后用毛巾等包住。若出血，可采用压迫止血法，1小时过后每隔10分钟左右要松开一下，以保障血液循环。

（4）食物中毒。吃了腐败变质的食物，除会腹痛、腹泻外，还伴有发烧和衰弱等症状，应多喝些饮料或盐水，也可采取催吐的方法将食物吐出来。

8. 备用工具

（1）饭盒。最好选择一个铝制或不锈钢制的饭盒（最好是带把手的）。饭盒本身可以用来加热、提水或化雪，用处很多。塑料盒虽然轻，但无法加热。同时，饭盒的金属盖可以当作反光镜使用，关键时刻可以发出求救信号。

（2）工具刀。在野外配备一把多功能的工具刀是绝对有必要的。虽然不一定要使用丛林格斗刀，但是瑞士军刀是必不可少的。它除集成常规的小刀、起子、剪刀外，还有锯、螺钉旋具、锉刀等，有的还带有一个放大镜。

（3）针线包。无论是长征中的红军还是现代化的军队，针线包一直是军队的野外必备品。当然，现代针线包的功能已经不再局限于原来单纯的缝缝补补，针不但可以挑刺，更能在有些时候弯成鱼钩，改善伙食，甚至救命。

（4）火柴。在野外，火种几乎是最重要的。带上防风、防水的火柴是很重要的，但如果你买不到这样的火柴，也可以自己做一些。方法很简单，先将蜡烛熔化，均匀地涂抹在普通火柴上，使用时，将火柴头上的蜡除掉即可。

（5）蜡烛。一小节蜡烛在野外是绝对有用的。手电、头灯等现代化照明装置，随着电池的耗尽而变成摆设，这时蜡烛就能发挥作用了。蜡烛除照明外，还可以取暖、引火。如果将一个矿泉水瓶剪去底部做成灯罩，就成了一盏野外使用的防风灯。

（6）求生哨。求生哨其实就是一般的哨子，但是在野外，哨子可以救命。当遇到危险时，可以用哨声引来救援，或者吓走一些小野兽（如果是老虎、熊等猛兽，不发出声音是最佳选择）。

（7）铝膜。铝膜是一张2 m×2 m的镀铝的薄膜，有金色和银色两种。它不但可以防风挡雨，也可以支起来做成一个凉棚，防止太阳直射。在寒冷地区，可以用它包裹住自己，保持体温。铝膜的最大作用是可以反光，使救援人员可以及时发现你。平时也可以把它铺在地上当地席使用。

(二) 野外生存技巧

野外生存，即在住宿无着落的山野丛林中求生。深入敌后的特种部队、侦察兵和空降兵、海军陆战队，以及在战斗中与部队失去联系的战士等，在孤立无援的敌后或生疏的荒野丛林和孤岛上，在没有仪器的情况下，更需要野外生存的本领。下面介绍一些简单的野外生存常识。

1. 利用自然特征判定方向

在没有地形图和指北针等制式器材的情况下，要掌握一些利用自然特征判定方向的方法。

（1）利用太阳判定方位非常简单。可以用一根标杆（直杆）使其与地面垂直，把一块石子放在标杆影子的顶点 A 处；约 10 min 后，当标杆影子的顶点移动到 B 处时，再放一块石子。将 A、B 两点连成一条直线，这条直线的指向就是东西方向。与 AB 连线垂直的方向则是南北方向，向太阳的一端是南方。

（2）利用指针式手表对太阳的方法判定方向。手表水平放置，将时针指示的（24 小时制）时间数减半后的位置朝向太阳，表盘上 12 时刻度所指示的方向就是北方。假如现在时间是 16 时，则手表 8 时的刻度指向太阳，12 时刻度所指的就是北方。

（3）夜间天气晴朗的情况下，可以利用北极星判定方向。寻找北极星首先要找到大熊星座（即北斗星）。该星座由七颗星组成，就像一把勺子。当找到北斗星后，沿着勺边两颗星的连线，向勺口方向延伸约为两星间隔的 5 倍处一颗较明亮的星就是北极星。北极星指示的方向就是北方。还可以利用与北斗星相对的仙后星座寻找北极星。仙后星座由 5 颗与北斗星亮度差不多的星组成，形状像 W。在 W 缺口中间的前方，约为整个缺口宽度的 2 倍处，即可找到北极星。

（4）利用地物特征判定方位是一种辅助方法。使用时，应根据不同情况灵活运用。独立树通常南面枝叶茂盛，树皮光滑。树桩上的年轮线通常是南面稀、北面密。农村的房屋门窗和庙宇的正门通常朝南开。建筑物、土堆、田埂、高地的积雪通常是南面融化得快，北面融化得慢。大岩石、土堆、大树南面草木茂密，而北面易生青苔。

（5）在野外迷失方向时，切勿惊慌失措，而要立即停下来，冷静地回忆一下所走过的道路，想办法按一切可能利用的标志重新制定方向，然后寻找道路。最可靠的方法是"迷途知返"，退回到原出发地。

（6）在山地迷失方向后，应先登高远望，判断应该向什么方向走。通常应朝地势低的方向走，这样容易碰到水源。顺河而行最为保险，这一点在森林中尤为重要。因为道路、居民点常常是滨水临河而筑的。

（7）遇到岔路口或道路多而令人无所适从时，首先要明确方向，然后选择正确的道路。若几条道路的方向大致相同，无法判定，则应先走中间那条路，这样可以"左右逢源"，即便走错了路，也不会偏差太远。

2. 复杂地形行进方法

在山地行进，为避免迷失方向，节省体力，提高行进速度，应力求有道路不穿林翻山，有大路不走小路，如果没有道路，可选择在纵向的山梁、山脊、山腰、河流小溪边缘，以及树高林稀、空隙大、草丛低疏的地形上行进，要力求走梁不走沟，走纵不走横。

行进时，能大步走就不小步走。这样几十千米下来，可以少走许多步。疲劳时，应用放松的慢步来休息，而不是停下来。攀登岩石时，应对岩石进行细致的观察，慎重地识别岩石的质量和风化的程度，确定攀登的方向和路线。

攀登岩石的基本方法是"三点固定"法，即两手一脚或两脚一手固定后再移动剩余的一脚或一手，使身体重心上移。手脚要很好地配合，避免两点同时移动，一定要稳、轻、快，根据自己的情况选择最合适的距离和最稳固的支点，不要跨大步和抓、蹬过远的点。

攀登30°以下的山坡可沿直线上升。攀登时，身体稍向前倾，全脚掌着地，两膝弯曲，两脚呈"外八字"形，迈步不要过大过快。坡度大于30°时，一般采取"之"字形攀登路线。攀登时，腿微曲，上体前倾，内侧脚尖向前，全脚掌着地，外侧脚尖稍向外撇。在行进中不小心滑倒时，应立即面向山坡，张开两臂，伸直两腿，脚尖翘起，使身体尽量上移，以降低滑行的速度。这样，就可设法在滑行中寻找攀引和支撑物。千万不要面朝外坐，因为那样不但会滑得更快，而且在较陡的斜坡上还容易翻滚。

河流是在山区和平原地区经常遇到的障碍。遇到河流不要草率入水，要仔细地观察之后再确定渡河的地点和方法。山区河流通常水流湍急，水温低，河床坎坷不平。涉渡时，为了保持身体平衡，应当用一根棍子支撑在水的上游方向，或者手执 15~20 kg 的石头。集体涉渡时，可三人或四人一排，彼此环抱肩部，身体最强壮的位于上游方向。

3. 采捕食物的方法

野外生存获取食物的途径主要有两种：一种是猎捕野生动物；另一种是采集野生植物。猎捕野生动物首先要知道动物的栖息地，掌握动物的生活规律，然后采取压捕、套猎、捕兽卡及射杀等方法进行猎捕。这需要在专家的指导下经过较长时间的训练和实践后才能真正掌握。下面仅简单介绍可食用昆虫和可食用野生植物的种类。

目前，世界上人们可食用的昆虫有蜗牛、蚯蚓、蚂蚁、蝉、蟑螂、蟋蟀、蝴蝶、蝗虫、蚱蜢、湖蝇、蜘蛛、螳螂等。人们对吃昆虫虽然不习惯，甚至感到厌恶，但在万不得已的情况下，为维持生命、保持体力，继而完成任务，不妨一试。但是应注意，一定要煮熟或烤透，以免昆虫体内的寄生虫进入人体，导致中毒或得病。

常见的可食用昆虫如下：

蝗虫：浸酱油烤着吃，煮或炒也可以。

螳螂：去翅后烤或炒，煮也可以。

蜻蜓：干炸后可食用。

蝉：生吃或干炸，幼虫也可食用。

蜈蚣：干炸，但味道不佳。

天牛：幼虫可生食或烤。

蚂蚁：炒食，味道好。

蜘蛛：去除脚后可烤食。

白蚁：可生食或炒食。

松毛虫：烤食。

可食野生植物包括野果、野菜、藻类、地衣、蘑菇等。我国地域广大，适合各种植物生长，其中能食用的有2 000种左右。我国常见的可食野果有山葡萄、笃斯、黑瞎子果、茅莓、沙棘、火把果、桃金娘、胡颓子、乌饭树、余甘子等，特别是野栗子、椰子、木瓜很容易识别，是应急求生的上好食物。常见的野菜有苦菜、蒲公英、鱼腥草、马齿苋、刺儿草、荠菜、野苋菜、扫帚菜、菱、莲、芦苇、青苔等。野菜可生食、炒食、煮食或通过煮浸食用。

但是，一般人需要在专家指导下经过一定时间的训练才能掌握这些知识，这里介绍一种最简单的鉴别野生植物是否有毒的方法，供紧急情况下使用。将采集到的植物割开一个小口子，放进一小撮盐，然后仔细观察是否改变颜色，通常变色的植物不能食用。

4. 获取饮用水的方法

生命离不开水，没有食物正常人可以活三周，但没有水，三天都活不了，所以水要优先考虑，获取饮用水的途径通常有两条：一是挖掘地下水；二是净化地面水。以下几点小提示可以帮助你在野外迅速找到或收集到水。

（1）在山区。找水源首选之地是山谷底部地区。在高山地区寻水，应沿着岩石裂缝去找，干涸河床沙石地带往往能挖到泉眼。

（2）在海边。应在最高水线以上挖坑，很可能有一层厚度约为5 cm的沉滤水浮在密度较大的海水层上。

（3）在凹地积水处。饮用凹地积水处的水时，必须经消毒、沉淀后煮沸饮用。

（4）收集雨水。在地上挖个洞，铺上一层塑料，四周用黏土围住，可以有效地收集雨水。

（5）凝结水。在一段树叶浓密的嫩枝上套一只塑料袋，叶面蒸腾作用会产生凝结水。

（6）跟踪法。跟踪动物、鸟类、昆虫或人类踪迹可以找到水源。

（7）植物中取水。竹类等中空植物的节间常存有水，藤本植物往往有可饮用的汁液，棕榈类、仙人掌类植物的果实和茎干都含有丰富的水分。

（8）日光蒸馏器。在干旱沙漠地区利用下述方法能较好地收集到水：在相对潮湿的地面挖一个大约宽90 cm、深45 cm的坑，坑底部中央放一个集水器，坑面悬放一条拉成弧形的塑料膜。光能升高坑内潮湿土壤和空气的温度，蒸发产生水汽，水汽与塑料膜接触遇冷凝结成水珠，下滑至器皿中。

5. 野外生存技巧之野外生火

火可以将食物煮熟。另外，它还有很多用途：火苗释放热量产生暖意，会减少体内热量的散失；可以烘干衣服；熏过的肉食可以较长时间保鲜；可以吓跑危险的野兽；它的烟雾可以驱走害虫，还可以煅烧金属打制工具等。下面介绍一些在野外生火的方法。

（1）要寻找到易燃的引火物，如枯草、干树叶、桦树皮、松针、松脂、细树枝、纸、棉花等。

（2）捡拾干柴。干柴要选择干燥、未腐朽的树干或枝条，要尽可能选择松树、栎树、柞树、桦树、槐树、山樱桃、山杏之类的硬木，这种干柴燃烧时间长，火势大，木炭多。

不要捡拾贴近地面的木柴，贴近地面的木柴湿度大，不易燃烧，且烟多熏人。

（3）要清理出一块避风、平坦、远离枯草和干柴的空地。将引火物放置在中间，上面放置细松枝、细干柴等，再架起较大、较长的木柴，然后点燃引火物。火堆的设置要因地制宜，可设计成锥形、星形、"井"字形、并排形、屋顶形、牧场形等；也可以利用石块支起干柴或在岩石壁下面，把干柴斜靠在岩壁上，在下面放置引火物后点燃即可。如果引火物将要燃尽时干柴还未燃起，则应从干柴的缝隙中继续添入引火物，直到干柴燃烧起来为止，而不要重新架柴点火。

（4）点篝火最好选择在近水处，或在篝火旁预备一些泥土、沙石、青苔等用于及时灭火。

6. 野外生存技巧之睡袋使用

使用睡袋是有技巧的。不会"睡"的人即使用高寒睡袋（-35 ℃）在一般低温下（-5 ℃）也会感到寒冷，那么怎样才能睡得更暖些呢？在使用睡袋时，有很多外在因素影响睡袋的性能，要注意的是睡袋本身并不发热，它只是有效地将体温流失降低。下面的知识会帮助你睡得更暖些。

（1）避风防潮。在野外，一个挡风的帐篷能提供一个温暖的睡眠环境。在选择营地时，不要选择谷底，那里是冷空气的聚集地，也要尽量避开承受强风的山脊或山凹。一张好的防潮垫能有效地将睡袋与冰冷的潮湿地面分开，充气式效果更佳，在雪地上需用两张普通防潮垫。

（2）保持睡袋干爽。睡袋吸收的水分并非全部来自外界，也来自人体。即使在极寒冷的情况下，人体在睡眠时仍会排放出至少一小杯的水分。保温棉在受潮后会黏结而失去弹性，保温能力下降。如果睡袋连续使用多天，最好能在太阳下晾晒。经常清洗睡袋可使保温棉保持弹性。

（3）多穿衣服。一些较松软的衣物可兼作加厚睡衣使用。将人与睡袋之间的空隙充填满，也可加强睡袋的保暖性。

（4）睡前热身。人体就是睡袋的热量来源，如临睡前先做一小段热身运动或喝一杯热饮，会将体温略为提高并有助于缩短睡袋变暖的时间。

7. 野外生存技巧之常备急救箱

在野外，没有人能够完全预料到会发生什么事情。一个急救箱可以延长你的生命，务必随身携带。急救箱需要存放以下物品，以备基本急救之用。

（1）绷带。绷带有不同的宽度及质料，以处理不同面积及种类的损伤，通常包括以下几种：

①纱布滚动条绷带：适用于处理一般伤口，主要用作固定敷料。

②弹性滚动条绷带：具有弹性，除用于处理伤口外，更可用于处理一般拉伤、扭伤、静脉曲张等伤症，以固定伤肢及减少肿胀。

③三角绷带：可以全幅使用，或折叠成宽窄不同的绷带，通常作手挂使用，承托上肢。

（2）敷料。敷料由数层纱布制成，质地柔韧，主要用作覆盖伤口及吸收分泌物；流血及分泌物较多的伤口，可加厚覆盖。

（3）敷料包。敷料包由棉垫和滚动条绷带组成。用棉垫（即敷料）覆盖伤口，然后用附带的滚动条绷带加以固定。

（4）消毒药水。介绍几种常用消毒药水的用途：

①龙胆紫（紫药水）：加快伤口结痂和愈合。

②红汞（红药水）：保护伤口并具有抗菌作用。

③酒精和碘酒：用于非黏膜伤口的表面消毒，不可用于破损伤口的消毒。

④过氧化氢（双氧水）：用于受污染的黏膜或破损伤口的基本消毒。

（5）洁净的棉花球。棉花球用于清洁伤口，使用时蘸透消毒药水。

（6）消毒胶布。消毒胶布通常用来处理面积较小的伤口。贴上胶布前，必须确保伤口周围的皮肤干爽清洁，否则不能贴得牢固。

（7）胶布。胶布用来固定敷料、滚动条绷带或三角绷带。

（8）其他。眼药水、万花油、止血贴、清凉油、驱风油等。

第四节　素质拓展训练的模式

一、素质拓展训练课程的课前准备工作

（1）教师需要明确班级学生的人数，要了解学生的身体情况及相关病史等信息。

（2）如果遇到特殊情况，学生要说明自己是否有不适合参加项目的疾病。

（3）教师要检查学生服装是否符合素质拓展训练的要求。

（4）要求教师携带一些常规急救药品。

二、素质拓展训练的实施环节

素质拓展训练发展至今，绝非单纯的体能训练、体育竞技项目或休闲娱乐活动。素质拓展训练是以分享互动的方式进行，学生共同回顾训练中的过程，进行交流和体会，同时，分享训练过程中的收获。学生在训练过程中，从个体角度感受和理解人与人的关系、人与集体的关系、人与自然的关系，从环境中寻求自我的位置，体会团队力量的作用。同时发现自我的潜在能力，拥有克服困难的勇气，并在成功力量的帮助下，用积极向上的态度，实现能力的提升，并进入良性循环的发展阶段。素质拓展训练一般包括破冰热身、团队建设、项目实施、分享总结四个环节。

1. 破冰热身

面对新的项目、新的环境，人们都会产生一定的陌生感和距离感，培训教师一般通过游戏的互动、案例的演绎、相互之间的介绍等，使所有参加培训的人员做到"忘掉身份、忘掉性别、忘掉工作、忘掉隔阂"，开始接受并熟悉新的成员和教师，达到相互之间的初步了解和认识，打破人与人之间的"坚冰"。在此基础上，培训教师再介绍培训的项目、要求及注意事项等，帮助学员了解素质拓展训练的内容和目标，使他们能够更加投入地参与到活动中。

2. 团队建设

破冰热身之后，就要进行团队的建设，这是最好的时机。团队建设主要包括以下内容：

（1）团队组织架构的构建，包括选择队员、队长、旗手等。

（2）团队文化建设，包括取队名、定队训、队徽、队旗、队歌等。

（3）团队文化展示，包括队长或小组成员向全体参加训练的学员展示本小组的团队文化，介绍本小组团队文化的内容。

（4）培训教师宣布培训的相关内容，包括培训中的注意事项、安全要素和纪律要求等。

3. 项目实施

项目实施环节包括项目情境布置和项目体验两个部分。培训教师布置拓展场景，介绍项目的目标、任务、注意事项等。培训学员在教师的指导下开始活动体验。教师认真观察记录学员个人和团队的行为，监控每个小组的实施过程，同时保护好学员的安全，营造出适宜项目的体验氛围，激励学生积极向上的行为，及时解决在训练过程中出现的问题。

4. 分享总结

按照体验式学习理论，素质拓展训练是"体验—感受—分享—总结—应用"（循环往复）的学习过程。体验是学习过程的开端，应用是学习的精华。培训教师在这个环节通过活动的整个过程情况，组织学员对事件进行反思，对活动的过程进行不同角度的重新理解和定位，从素质拓展训练的体验学习进行思维和逻辑总结、归纳演绎，帮助学员将所学到的体验运用到实际生活中，在总结阶段，提出具有启发性的问题，对未来学习、生活、工作能够起到非常关键的作用，培训教师的总结能带给学员更深层次的思考和提升。

三、素质拓展训练的实施内容

普通高校在开展素质拓展训练课程时，一般是以体育课程为依托进行的，同时利用了多学科的综合知识对学生进行全面的素质教育。素质拓展训练除能锻炼学生的身体素质外，对学生今后的职业生涯规划有较大的帮助，学校在制定课程标准和教学计划时，会根据自己学校的特点，有针对性地安排符合学校专业和特色的课程内容。

1. 以理论融入为目标的课程内容

在素质拓展训练教学过程中，可以通过加入管理类的项目，通过模拟的场景，以此增强课程理念的真实性；也可以将试验类的项目引入课堂，以此提高课程心理效应的直观性；还可以将素质拓展训练的竞争类项目加入活动体验中，以此来提高职场能力的需求度。在活动之后进一步加强理论学习，这些活动项目都是素质拓展训练与专业课程相结合的实例，通过活动的设计，将所要传授的课程理念融入活动过程中，使学生在活动中得到深刻的感悟。这种方法可以同时运用在教育学、管理学、经济学、心理学等多个学科中。

2. 以实用性为目标的课程内容

素质拓展训练课程中的许多项目都是模拟危机的生存情境，学生在体验时虽然与真实情境下的压力与困难还存在一定的差距，但在活动中可以提高应对危机的能力，在活动中学习，在活动中成长，素质拓展训练的过程就是给学生一些从未有过的经历，对于学生培养自信心和提高团队解决问题的能力都具有积极的促进作用。

3. 以竞赛性为目标的课程内容

素质拓展训练是以体验作为主要方式进行的，教师在整个活动的过程中其实是辅助角色，学生从知识的接收者变为课程的主体。在活动中，娱乐性和竞争性相结合，教师通过引入团队竞赛的方式对课程进行检验，活动竞赛性对于素质拓展训练在学校教育活动中也是必不可少的。以竞赛为目标的拓展项目和游戏只是活动的一种方式，其理念一方面是为了寻求合作和共赢；另一方面是培养学生的规则意识，使学生能在活动的过程中学会令行禁止，讲规则，守纪律。

四、素质拓展训练的策划

（一）信息收集与整理

素质拓展训练必须根据参加训练的组织和学员的实际情况与具体要求来进行策划及实施，才能更好地发挥素质拓展训练的目的与作用，对参加训练的组织和个人才能有更明确的帮助。为了达到这样的效果，在开展一场素质拓展训练之前，必须先对一些需要的信息进行收集和整理。

拓展阅读

1. 参训单位信息收集

应该了解清楚参训单位的一些情况，以下列出一些比较常规的要求。

（1）参训单位的性质，以及对拓展的要求（达到何种目的、效果等）。

（2）参训单位此前是否有过素质拓展训练的经历，对素质拓展训练的了解如何。

（3）参训单位的现状。

2. 学员信息收集

需要了解参训学员的一些基本资料,以下列出一些比较常规的要求。

(1)学员人数、年龄组成、性别比例。

(2)学员中是否有特殊成员,如是否有带伤病学员,是否有残疾学员,是否有生活习惯禁忌较多的少数民族学员等。

(3)参与过拓展或类似活动的学员的数量,最好能知道他们的姓名,以便在分组时可以合理地分配,以免影响拓展效果。

3. 环境和条件

要考察拓展训练所在地的基本环境和条件,以下列出一些比较常规的要求。

(1)周边环境:良好的周边环境对素质拓展训练的影响很大。安全又能亲近大自然的环境最适合开展素质拓展训练。

(2)场地条件:如场地是否平整,是否足够开阔等。

(3)设施条件:如电源设备、音响设备,是否有设施可以开展因地制宜的项目等。

(4)消除各种安全隐患,如果无法保证基本安全,建议更换场地。

(二)构建拓展训练方案

根据参加训练的团体和组织的需求、特点以及收集到的资料制订出尽可能满足团体及个人要求的,最终达到训练效果的素质拓展训练方案。

拓展训练方案的策划要以整个团队的学习目标为宗旨,课程项目要有具体的针对性,如果学员人数较多、时间又紧迫、需要分成多个小组同时进行时,那么必须让所有的培训教师都了解此次培训的目的和任务;培训教师要统一理念和方法,主要培训项目的安排应该有相同的基调,同时,要相互协调好,提前设计好项目与场地的轮换顺序,为了达到更好的效果,设计方案时必须了解培训教师的能力及擅长。

1. 了解培训对象

对于培训教师来说,面对的学员形形色色,有领导干部、企事业单位的社会人员、在校学生等,这些人都具有独特的群体特征,有些人还会有特殊的要求与希望。我们不能指望策划一套课程就能够满足所有的任务,需要多了解各种群体的需求与特征,做更多的准备,能够随时应对训练发生的改变。

2. 编写项目策划书

项目策划书作为一个指导整场拓展训练的大纲性质的文本,需要书写规范,要有具体的格式。每个培训机构的格式都不同,可以根据自身的特点和优势进行整合。项目策划书的方案范本见表3-3。

表 3-3 拓展训练方案范本

某公司或学院素质拓展训练方案

一、基本信息
参培单位：
训练目标：
参加人数：
活动时间：
活动地点：
二、破冰热身
1. 团队建设
目标：促进个人融入团队，感受团队文化的建设过程，形成归属感和团队意识，并感受团队凝聚力，推动团队绩效建设。
内容：组织架构的构建、团队文化建设、团队文化展示和培训教师宣布培训的相关内容。
2. 团队热身
目标：进一步活跃气氛，增加团队队员之间的协作能力和默契感，巩固新的团体。
内容：
三、项目实施
项目一
简介：

目标：

内容：

项目二
简介：

目标：

内容：

项目三
简介：

目标：

内容：

四、分享
总结活动的表现，各队派代表和大家一起分享本次活动的收获（组内分享和全体分享相结合）。

五、总结
领导或教师提出希望，整个培训结束。

附：
道具：
注意事项：

某培训中心或某学校
年　月　日

分组的原则：尽量整体融合，不建议自己寻找伙伴，否则学员会选择自己比较熟悉或喜欢的同伴组队，这就失去了团队建设的真正意义，要充分发挥教师的培训技巧，鼓励团队整体进行融合。通过团队的组织安排和活动过程，可以使平时陌生或有敌意的个体成为合作伙伴，这样才能有效地达到培训的目的。

▶ 思考题

1. 学校场地建设应注意哪些问题？
2. 素质拓展训练课程中的安全保障有哪些？
3. 素质拓展训练的实施环节有哪些？
4. 简述如何策划一场拓展训练活动。

第四章
高校素质拓展训练课程

学习目标

知识目标：
1. 了解素质拓展训练在高校实施的意义及其在高校实施的可行性。
2. 熟悉素质拓展训练课程的解析。
3. 掌握高校素质拓展训练体验的流程。

能力目标：
能够开展素质拓展训练课程。

素质目标：
有明确目标，有时间观念，有团队意识，有互助精神；在学习过程中不断进行反思，乐于向他人学习，更好地开展学习和提升自身。

项目导入

素质拓展训练课程是一种体验式学习，其目的是在锻炼学生身体的同时，使学生在参与中主动发现问题、解决问题，使他们的思想得到启发，对个人、团队有一个全新的认识，重新定位自己在团队中的作用。

第一节 素质拓展训练在高校实施的意义

素质拓展训练的理论原理，是以学生综合职业能力的形成作为重点，按照素质拓展训练的教学原则和规律而制订的素质拓展训练计划，对提高大学生的综合素质有着重要指导作用，对高校人才培养目标有重大的现实意义。

一、促进大学生心理素质的发展

大学阶段是学生生理和心理发展的重要时期。这个时期的学生在心理发展上表现出许多不确定性，常常会造成个人价值观的偏向和人际关系的不和谐等。素质拓展训练是促进学生身心发展的一项重要手段，学生通过体验各项目，对身边的任何事情产生不同的改观，通过团队之间的协作或沟通能顺利完成各项任务，如提高团队沟通能力的"盲人足球"、增强团队信任度的"信任背摔"、发展团队协作精神的"击鼓颠球"等项目。同时，在条件允许的情况下，还可以根据大学生的心理特点，安排一些惊险、刺激的高空挑战类项目，以此来提高大学生的心理适应能力和自我调节能力。

二、促进大学生身体素质的发展

素质拓展训练课程在很多高校都是以体育课程的形式存在，如何在进行体育授课的情况下，又保持素质拓展训练的"原汁原味"，如何协调好项目和学生身体素质之间的关系，是体育教师必须深入研讨的问题。当然，作为素质拓展训练本身，它专属于一种户外运动，对体能素质也有着一定的要求。如能够锻炼肌肉力量的"毕业墙""穿越电网"项目；能够锻炼心肺功能的"团队8字绕绳""东南西北跑"项目；能够锻炼身体协调能力的"一圈到底""手脚并用"项目；能够锻炼学生灵敏性的"不倒的森林""摸石过河"项目等。素质拓展训练按照体育课的教学常规，通过前期充足的准备活动，使学生完成有一定体能要求的活动，在活动结束后，他们的心率一般达到120～150次/分钟。有些素质拓展训练项目会持续运动30分钟以上，这些运动对学生身体素质的提高具有重要的作用。

三、促进大学生专业能力的发展

每个人都具有自己的特性，具备一定的专长，有的人具有天生的领导能力；有的人擅长与他人协调与沟通；有的人思维敏捷，具有很好的创新能力；有的人则运动能力比较发达。良好的专业素养为大学生今后踏入社会，提高自己的专业能力打下坚实有效的基础，有利于学生职业生涯的发展。素质拓展训练根据专业素养特点，开展有针对性的活动，如能够提高学生的分工、组织和协调能力的"盲人方阵""毕业墙"项目；能够提高学生创新思维的"翻树叶""星际之圈""神笔马良"项目；能够提高学生的管理、领导能力的"孤岛求生""合力搭桥"项目等。

大学生毕业后需要在社会中扮演各种各样的角色。社会对人才需求的素质，在他们身上不能得到很好的体现，尤其在人际交往和团队管理方面的能力还比较欠缺，在面对职场时表现出较大的不适应性。通过素质拓展训练后，为他们尽快适应社会奠定基础。

四、促进大学生综合职业能力的发展

提高学生的综合职业能力是教学大纲中的重要部分，素质拓展训练是一种体验式学习模式，其目的主要是在锻炼学生身体的同时，提高学生在参与活动的过程中发现问题、解决问题的能力，使他们在心理上、思想上得到深刻的启发，同时对个人和团队有一个全新的认识。素质拓展训练最大的魅力是将一个人升级为一个团队，将一个团队升级为一个组织，帮助学生树立相互配合、相互支持的团队精神和整体意识。同时，改善学生与学生之间的人际关系，加强他们之间的沟通交流，形成积极向上的团队氛围。除此之外，素质拓展训练对于在校大学生的价值观念、行为方式、意志力、自信心、沟通能力、创新思维等方面具有更多的价值。

拓展阅读

素质拓展的研究对象

研究对象是大学生素质拓展的重要组成内容，也是做好大学生素质拓展的重要保障。素质拓展的研究对象包括大学生、环境、团队、主讲人和主题。

1. 大学生

大学生是未来强国的主力军，因此，大学生是素质拓展的核心组成部分。对于大学生来说，每次学习都是独特的过程，而在学习过程中，会持有不同的态度和心理完成自我学习。当感受到外界信息冲击时，只有学生自己知道真正需要的是什么。因此，教师教授了什么不重要，重要的是学生接收到的是什么。作为学习的主体，大学生的身体、心理、情感、灵魂和状态等诸要素决定着其学习效果。无论何种形式的学习，都要以学生的接受能力为依据。人的个性化决定了其学习的个性化，人的生存轨迹虽然会因外界的改变而发生改变，但根本上是因自我的改变而发生改变的。从学习的反思性来看，每个人都是直接地向自己学习，不断否定和改变着自我，由此改变了自己对自然、社会和他人的认识。这就是学习者的自我学习，是人生中最为重要的学习。

2. 环境

大学生可以向环境学习，环境可以陶冶人的情操。一个人一旦进入一个特定的环境，他就可能被环境感染。例如，一个从来没见过大海的人，当他第一次面对大海，看到潮水涌动，蓝色的海与天相接的时候，他的心胸就会豁然开朗；一个没有见过草原的人，当他见到草原，他会感到心情非常舒畅；一个没有见过戈壁滩的人，当他看到一望无际的戈壁滩时，他会感到荒凉。

3. 团队

大学生也在向团队学习。管理学家斯蒂芬·P. 罗宾斯（Stephen P.Robbins）认为，团队就是由两个或两个以上的相互作用、相互依赖的个体，为了特定目标而按照一定规则结合在一起的组织。团队的特点表现在：团队以目标为导向；团队以协作为基础；

团队需要共同的规范和方法；团队成员在技术或技能上形成互补。

4. 主讲人

主讲人是指能够从事大学生素质拓展的课程设计、教学安排、项目分享等相关环节事宜的负责人。本书中的主讲人可以是教师，也可以是培训师、讲师、教练或大学生自己（特殊项目的操作需要取得专业资质或权威机构系统培训后方可执行，如"蹦极"项目）等，主讲人是一个相对宽泛的概念。

5. 主题

素质拓展更需要大学生向主题学习，每个项目都会有主题，如果在项目开始时直接告诉学生课程目的是什么，就会得到较好的学习效果。如在"七巧板"项目中，教师在开始之前明确告诉学生这堂课的主体是沟通、领导力或执行力。明确目标之后，学生的思维就会跟着主题走，这样的学习效果会更好。

知识拓展：大学生素质拓展教学的规律

第二节　素质拓展训练在高校实施的可行性

素质拓展训练融合了各种能力元素，它强调了实践学习，而不是课堂理论，学生和团队都可以通过各种活动体验来使自身能力得到提升。相关研究表明，在传统课堂教学模式中，学生能力的提升程度大约为25%，而学生参与实际操作的体验式学习模式，其能力提升程度可高达70%，这样的学习方式能更有效地将知识传授给学生。

拓展训练是现代大学课程中一种典型的体验式学习模式，具有一定的挑战性和趣味性，容易被学生接纳。它的最终培养目的是使学生能够将活动过程中学到的知识技能加以实际应用。学生通过参加拓展训练课程以后，期望在如下方面获得显著的提高：克服惰性心理，增强战胜困难的能力；认识自身潜能，增强自信心；改善自身观念，启发想象力和创造力，发展解决问题的能力；提高对他人的信任度，增强对集体的责任感；改善人际交往能力，学会关心、帮助他人等。正是因为这些能力的提升，开展大学生素质拓展训练课程才更具有可行性和紧迫性。

一、素质拓展训练项目的设计具有较强的趣味性

很多在场地上进行的素质拓展训练项目看似体育游戏活动，其实是为达到某些预期的结果而设计的一项有意义的任务，其目的是使学生在愉快的环境中参与生活中体验不到的知识，感悟真实的道理。同时，素质拓展训练又具有很好的趣味性，无论是从项目的设计上还是道具的感观上，都能在短时间内吸引到学生的注意力，激发他们积极参与活动的热情，使他们在素质拓展训练的课堂中享受快乐，在快乐中得到感悟，在感悟中得到提升。

二、素质拓展训练项目的开展具有较强的可操作性

素质拓展训练项目所需场地可以根据学校的状况来指定，如果条件允许，可以建设拓展训练基地；如果条件不允许，可以利用现有场地，实施比较简单、灵活多变，有利于在校园开展的项目。一般来说，在场地上进行的项目，可以利用学校的田径场、篮球场、空旷的水泥地进行，遇到下雨天，也可以在室内进行。场地类项目的器材相对来说成本比较低，这些器材容易购买，有些也可以组织学生自制。还有一些项目不使用器材就可以进行操作，如激发团队思维能力的"解手链"、增强团队凝聚力的"卧式传递"、提升团队相互信任度的"坐地起身"项目等。拓展训练项目所用器材相对简洁、安全、节省场地空间，便于推广。在学校开展素质拓展训练比较简单方便。

三、素质拓展训练项目的实施具有较强的安全性

素质拓展训练将安全保障作为课程的第一要素，与体育课程同步进行，所有的活动均要经过精心的设计与实施，以专业的措施保证训练的每个细节都做到安全可靠。活动由经验丰富的专业教师执教，严格把控安全程序，实施全程监督。其实，对于场地上开展的素质拓展训练项目，相对来说活动量较小，过程简单，安全系数也较高，因此，将拓展训练引入课堂时，只要提前进行周密的安排，组织合理，操作得当，即可以使项目顺利开展，并可以消除师生的思想顾虑。因此，开展素质拓展训练的安全系数可以得到充分保证。

知识拓展：大学生素质拓展教学的方法

第三节 素质拓展训练课程的解析

一、课程性质与任务

（1）课程地位：素质拓展训练课程是一项通过教师精心设计各种特殊的情境，使学生积极地参与并进行体验的一种户外活动。它是兼具体能和实践的一门基础课程。

（2）课程功能：培养学生的抗压能力和社会适应能力，增强学生的自信心以及不怕困难、勇往直前的团队意识，提高学生的职业体能和职业素养。

（3）课程特点：素质拓展训练课程是体育课程中的核心课程。它有很强的趣味性、冒险性、自我挑战性、刺激性等，是以"先行后知"的体验式学习方式，使学生参与、体验、回顾、交流、感悟并致知于行。学生在训练过程中，从个体角度感受和理解人与人的

关系、人与集体的关系、人与自然的关系，从环境中寻求个体的位置，体会集体力量的作用，同时发现自我潜在的能力，拥有克服困难的勇气，并在成功力量的驱使下，在积极向上的态度基础上，实现能力的迁移，是一门理论和实践相结合、综合性较强的课程。

（4）关联课程：在一年级的基础体育课程和二、三年级选项课程的基础上，四年级开设本门课，此时学生正面临实习，所以，开设本课程的目的是帮助学生进行角色的转换练习，以便将来更好、更快地融入社会。

二、课程设计思路

素质拓展训练课程是以体能活动为引导，以心理挑战为重点，以人格完善为目的，总体思路是项目引领任务驱动，即教师布置任务（设置问题）—学生接受任务—探究合作—分享回顾。安排的项目首先要具有健身性。紧扣体育课程的主要目标，把"健康第一"的指导思想作为选编教学内容的基本出发点，同时，充分反映和体现《学生体质健康标准》的内容和要求。其次要具有实效性。根据学生的特点、气候及场馆设施和器材等情况选编内容，力求少而精，讲求实效。再次要具有科学性。教学内容应与学科发展相适应，反映本学科的新进展、新成果。最后要具有可接受性。要以人为本，遵循大学生的身心发展规律和兴趣爱好，适应教学对象，充分发挥大学生的智力优势，为学生所用，便于学生课外自学、自练。

三、课程目标

学生通过学习本课程，掌握人与人、人与集体及人与自然之间沟通的基础知识和技能，具备发现问题、解决问题并能把体会到的知识和技能运用到今后的学习工作中，真正做到习近平总书记在全国教育大会上强调的"帮助学生在体育锻炼中享受乐趣、增强体质、健全人格、锤炼意志"。

（1）提升学生的心理健康水平：培养学生积极的人生态度、良好的沟通协调能力、精诚的团队精神。

（2）培养学生职业素养：培养学生积极的个人行为、高效的人际关系、规范的团队行为。

（3）加强学生的身体运动能力：帮助学生储备充足的体能，学会科学的锻炼方法，并提升危机的应变能力。

素质拓展训练课程目标参考图如图4-1所示。

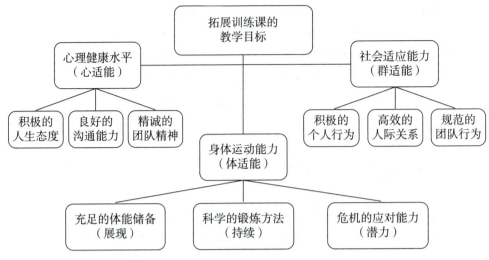

图 4-1 素质拓展训练课程目标参考图

四、课程内容和要求

1. 课程内容

本课程共 36 学时，注重理论与实践相结合，安排在体育课程体系中，同时注重学生身体素质的锻炼。课程内容和课时分配见表 4-1。

表 4-1 课程内容和课时分配

模块	单元	内容及要求	参考学时
综合素质拓展训练	理论篇	素质拓展训练理论基础	2
		素质拓展训练的实施	1
		高校素质拓展训练课程	1
	实践篇	破冰之旅篇	4
		团队意识篇	8
		敬业乐群篇	4
		诚信待人篇	4
		厚德明理篇	4
	素质练习	耐力素质、速度素质、力量素质等	6
	考核	考核	2
		合计	36

2. 制定课程内容的要求

教学内容的安排要有利于学生身心的全面发展，所以要注意将不同项目、不同性质的教学内容互相搭配，按时间节点处理好教学内容的先后顺序。例如，团队的建设应安排在拓展训练的前面，厚德明理和感恩教育应安排在课程的后面。

教学内容应根据教学内容的特点、场地设备、季节气候与学生的承受能力安排。例如，室外操作类项目不能安排在梅雨天气中，尽量安排在空气流通、温度和湿度适宜的环境下进行；体能类项目尽量不要安排在炎热的天气，以防止学生突然产生的身体不适。

五、课程实施建议

1. 教学团队

本课程团队素质能力要求：具备较强的组织能力、较强的教育教学能力、较强的语言表达能力、较强的实践技术能力、较强的教科研能力等。全面加强教师思政理念，提升教师育德意识和育德能力，实现教育与教学的有机统一。

2. 教学建议

本课程基于高等职业院校人才培养的职业性、实用性和应用性定位，将身体健康教育与职业素养教育直接融入职业实用性体育课程中。

（1）建议采用体验式的教学模式，充分发挥学生的主体作用，通过课程的培养，实现挑战自我、熔炼团队在高职体育教育中的内涵。

（2）建议教学中立足基本知识、基本技能，注重培养学生对体育的兴趣，树立正确的健康观，明确进行体育锻炼的目的，不断提高学生身体素质，培养学生终身进行体育锻炼的理念。

（3）建议不断开发更新教学内容和方法，挖掘更多的思政融入途径，同时，进一步完善课堂教学和网络辅助学习资源库，为学生自主学习创造条件。

3. 考核评价建议

本课程以多元化考核评价为原则，过程性评价与终结性评价相结合，定性评价与定量评价相结合，对学生的知识、能力和素质进行全面评价。

▶ 知识链接

深刻把握新时代十年伟大变革的里程碑意义
——论学习贯彻党的二十大精神

"新时代的伟大成就是党和人民一道拼出来、干出来、奋斗出来的！"习近平总书记在党的二十大报告中回顾总结过去五年的工作和新时代十年的伟大变革，深刻指出："新时代十年的伟大变革，在党史、新中国史、改革开放史、社会主义发展史、中华民族发展史上具有里程碑意义。"学习贯彻党的二十大精神，全面把握新时代十年伟大变革的深刻内涵和重大意义，必将进一步鼓舞和激励全党全国各族人民坚定历史自信，增强历史主动，在党的旗帜下团结成"一块坚硬的钢铁"，心往一处想、劲往一处使，为全面建设社会主义现代化国家、全面推进中华民族伟大复兴而团结奋斗。过去五年和新时代以来的十年，在党和国家发展进程中极不寻常、极不平凡。这十年，有涉滩之险，有爬坡之艰，有闯关之难，我们遭遇的风险挑战风高浪急，有时甚至是惊涛骇浪，其复杂性、严峻性前所未有。以习近平同志为核心的党中央审时度势、果敢抉择、锐意进取、攻坚克难，团结带领全党全军全国各族人民撸起袖子加油干、风雨无阻向前行，义无反顾进行具有许多新的历史特点的伟大斗争，攻克了一个个看似不可攻克的难关险阻，创造了一个个令人刮目相看的人间奇迹。党的二十大报告高度评价十年来我们经历的对党和人民事业具有重大现实意义和深远历史意义的三件大事，从十六个方面对新时代党和国家事业取得历史性成就、发生历史性变革进行了全面总结和精辟概括。我们要深刻认识到，这些成就，从理论上讲是原创性、突破性、开创性的，从制度上讲是创新性、系统性、整体性的，从实践上讲是根本性、战略性、长远性的。正是因为这些成就，坚持和发展中国特色社会主义有了更为坚实的物质基础、更为完善的制度保证，马克思主义的科学性和真理性在新时代的中国得到充分检验，社会主义的历史必然性、制度竞争力充分彰显出来。

历经新时代十年伟大变革，走过百年奋斗历程的中国共产党在革命性锻造中更加坚强有力，党的政治领导力、思想引领力、群众组织力、社会号召力显著增强；中国人民的前进动力更加强大、奋斗精神更加昂扬、必胜信念更加坚定，焕发出更为强烈的历史自觉和主动精神，中国共产党和中国人民正信心百倍推进中华民族从站起来、富起来到强起来的伟大飞跃；改革开放和社会主义现代化建设深入推进，书写了经济快速发展和社会长期稳定两大奇迹新篇章，完成了脱贫攻坚、全面建成小康社会的历史任务，实现了第一个百年奋斗目标，实现中华民族伟大复兴进入了不可逆转的历史进程；科学社会主义在二十一世纪的中国焕发出新的蓬勃生机，我们成功推进和拓展了中国式现代化，为人类实现现代化提供了新的选择，中国共产党和中国人民为解决人类面临的共同问题提供更多更好的中国智慧、中国方案、中国力量，为人类和平与发展崇高事业作出新的更大的贡献。我们要紧密联系党的十八大以来党和国家事业取得的历史性成就、发生的历史性变革，联系这些年来我们走过的极不寻常、极不平凡的历程，联系我们深化改革开放、推动高质量发展、有效应对重大风险挑战的具体实践，联系国际环境深刻变化，深刻感悟新时代十年伟大变革对党、对中国人民、对社会主义现代化建设、对科学社会主义在二十一世纪中国的发展的深远影响，坚定战略自信。

沧海横流显砥柱，万山磅礴看主峰。新时代十年的伟大变革，是在以习近平同志为核心的党中央坚强领导下、在习近平新时代中国特色社会主义思想指引下全党全国各族人民团结奋斗取得的。正是因为确立了习近平同志党中央的核心、全党的核心地位，确立了习近平新时代中国特色社会主义思想的指导地位，党才有力解决了影响党长期执政、国家长治久安、人民幸福安康的突出矛盾和问题，消除了党、国家、军队内部存在的严重隐患，从根本上确保实现中华民族伟大复兴进入了不可逆转的历史进程。"两个确立"是党在新时代取得的重大政治成果，是新时代引领党和国家事业从胜利走向新的胜利的政治保证，是战胜一切艰难险阻、应对一切不确定性的最大确定性、最大底气、最大保证。全党必须深刻领悟"两个确立"的决定性意义，提高政治判断力、政治领悟力、政治执行力，更加自觉地维护习近平总书记党中央的核心、全党的核心地位，更加自觉地维护以习近平同志为核心的党中央权威和集中统一领导，全面贯彻习近平新时代中国特色社会主义思想，坚定不移在思想上、政治上、行动上同以习近平同志为核心的党中央保持高度一致。

"新征程是充满光荣和梦想的远征。"习近平总书记在二十届中共中央政治局常委同中外记者见面时强调，"蓝图已经绘就，号角已经吹响。我们要踔厉奋发、勇毅前行，努力创造更加灿烂的明天。"现在，中国人民积极性、主动性、创造性进一步激发，志气、骨气、底气空前增强，党心军心民心昂扬振奋，正在满怀豪情书写着新时代中国发展的伟大历史。新的伟大征程上，在以习近平同志为核心的党中央坚强领导下，全面贯彻习近平新时代中国特色社会主义思想，深刻领悟"两个确立"的决定性意义，牢记"国之大者"，增强"四个意识"，坚定"四个自信"，做到"两个维护"，坚持中国特色社会主义道路、以中国式现代化全面推进中华民族伟大复兴，自信自强、守正创新、团结奋斗，我们一定能不断夺取全面建设社会主义现代化国家新胜利，谱写新时代中国特色社会主义更加绚丽的华章！

第四节 高校素质拓展训练体验流程

素质拓展的体验式学习理论的流程表现为体验—感受—分享—总结—应用。其核心部分是应用，也就是在今后的学习、生活、工作中，能够通过培训改变个人的行为。这五个部分紧密衔接。在每次课程体验结束后，学生都要总结经验，以便更好地完善下一次活动，循序渐进、不断提高。素质拓展训练课程的教学目的是通过这种体验式学习，使学生的行为发生改变并得到提高。

一、体验

体验是素质拓展训练关键的第一步。体验教育在素质拓展训练的项目中，有着至关重要的作用。任何一个训练项目的开始都是学生在教师的指导下，个人或团队经历一种模拟的场景，去完成一项任务，并以观察、沟通及行动来实践，这种体验活动是整个训练过程的基础。在素质拓展训练中所进行的各种活动都是体验式的实践活动。

二、感受

感受主要是学生在素质拓展训练中亲身体验模拟的场景时，容易得到最真实的体会。这种体会是全方位的，印象非常深刻。学生个体认识水平有高有低，认识问题的角度或切入点也不一致，在活动的体验过程中会产生不同的看法。在这些不同看法的影响下，活动的最终结果有可能是成功的，也有可能是失败的，我们要引导学生从失败逐渐走向成功，通过成功的活动体验，使学员有亲身感受，这是认识的初级阶段。

三、分享

分享是课程的提升部分，主要是使学生采用回顾的方式进行课程的交流，学生将自己的想法与同伴进行分享。通过分享与交流，使个人和团队对活动有一个较清晰的认识。引导学生在素质拓展训练过程中多动脑、勤思考，这样，个人就可以在团队的回顾中得到更多的经验，这也是素质拓展训练的一大魅力所在。

四、总结

总结是在分享的基础上，对素质拓展训练的体会有了更深的认识，这时就需要将学生获得的认识上升到一定的理论层次。教师就要根据学生分享的结果，结合课程相关的理论知识进行归纳总结，将学生的认识从感性认识提高到理性认识。此时，教师就应按照课程预定的培训目标进行讲解和点评。这是对学生能力更深层次的引导，教师应不断地提高自己的理论水平，对课程进行深入解析。教师对课堂的表现给予中肯评价，往往可以激发个人及团队潜能，形成良好的团队气氛，使团队凝聚力得以增强。在此过程中，教师重新突出了自己的主导地位，是活动的灵魂和核心。

五、应用

我们要引导学生将素质拓展训练中所获得的体验和认识带到实践生活中进行检验与应用，这才是课程的初衷与最终目标，也是素质拓展训练课程的延伸。这个过程是实现认识从实践中来，最终用来指导实践的循环提升的过程，是在课程结束之后的学习、生活和工作中，由学生自己去实现的，这也是拓展训练的终极意义所在。

> ▶ 思考题

1. 素质拓展训练课程的培养目标有哪些？
2. 素质拓展训练课程的成绩构成及比例是什么？
3. 简述素质拓展训练体验式学习的流程。

第五章
职业综合素质拓展训练实践案例

学习目标

知识目标：
1. 了解几种常用的素质拓展训练实践项目。
2. 体会拓展活动的乐趣。

能力目标：
根据培养目标能够进行符合职业综合素质的拓展训练。

素质目标：
要善于应变、善于预测、处事果断，能对实施进行决策；要尊贤爱才、宽容大度，善于组织，充分发挥每个人的才能。

项目导入

素质拓展训练的最终目的是改变一个人的心智模式和思维模式。这种从人们内心出发的改变，是一般的学习模式很难达到的。真正的素质拓展训练强调及时的感受，使学员在个性化的学习中拥有自己独特的内心领悟和体验，锻炼心理素质、增强沟通能力、增强团队意识和培养竞争意识。

一、破冰之旅篇

"破冰"最初起源于古老的船只出航仪式，那是一个庄严、壮观的场面，所有水手来到船头用铁锤敲碎一块硕大无比的坚冰，一方面用作鱼类的保鲜；另一方面喻示着船员在出海前，要消除彼此之间的积怨和隔阂，同舟共济，荣辱与共。

团建中"破冰"之意是打破人际交往之间怀疑、猜忌、疏远的藩篱，就像打破严冬厚厚的冰层。这个"破冰"游戏帮助人们放松并变得乐于交往和相互学习。通过这一环节使队员迅速地融入角色，使参训人员在瞬间打破隔阂，迅速融入团队。在以后的项目中团结一致、齐心合作，为团队的团结而努力，增强团队凝聚力。

故事索引

真诚之火融化坚冰

20世纪30年代，德国的一个小镇上有一个犹太传教士，他每天早上都会在一条幽静的小路上散步，无论遇到谁，他都会热情地与别人打招呼："早上好！"对于传教士的问候，大部分人都会含笑接受，有一个叫米勒的年轻人始终反应冷淡，他甚至连头都不抬，只顾低头走路。面对冷漠的米勒，传教士从来没有改变态度，每天早晨依然真诚地与他打招呼。

慢慢地，米勒有些回应了，当传教士道早安时他会点点头，后来他甚至会同样问候"早安！"几年后，德国纳粹党上台执政了，镇上所有的犹太人都被送往集中营，传教士也是其中一个。一下火车，传教士就看见队伍前面站着一个军官，他挥舞着指挥棒，不停地叫道："左、右、左、右。"指向左边的人会马上被处死，如果指向右边，则还有活命的希望，很快就轮到传教士了。他无助地抬起头，目光与军官猛然相遇，传教士平静下来，他轻声地说："早安，米勒先生。"

米勒显然愣住了，但那张冷酷的面孔不由自主地回应道："早安！"声音非常小，只有他们两人才能听到。

接着，只见米勒抬起手，将指挥棒指向右边，传教士得救了。

项目1：进化论项目

【项目类型】
团队协作培训、破冰培训。

【培训目的】
（1）训练团队沟通交流、迅速消除陌生情绪、打破隔阂的能力。
（2）训练学生观察、分析所发生事情的能力，以及活跃团队气氛。

【场地器材】
在室内或室外一块宽阔场地进行。

【项目布置】
进化论项目是一个破冰热身类项目，该项目能够活跃团队气氛，调动学生参与拓展训练的热情。经历该项目后，素质拓展训练往往能达到更好的效果。

【项目规则】
（1）在进化论项目中，每个学生要按照进化的顺序扮演以下物种：鸡蛋—小鸡—凤凰—猩猩—人类。进化的方式：石头、剪刀、布（猜拳），一局定胜负，赢者进化。

（2）每种物种都有特定的造型，教师也可自行指定动作。

鸡蛋的造型：一脚在前，一脚交叉在后，双手交叉，手心朝外放在头顶。

小鸡的造型：半蹲，两臂展开为小鸡的两个翅膀，不停地扇动。

凤凰的造型：右手在头前方成兰花指，左手在身后作为尾巴左右扇动。

猩猩的造型：两手握拳，放于头上方。

人类的造型：做一个最能表现自己个性的动作。

（3）项目一开始，所有学生都是生物链最底端的鸡蛋，两两进行猜拳，获胜者进化为小鸡，再与其他小鸡猜拳，输者继续为鸡蛋，鸡蛋和鸡蛋猜拳；小鸡跟小鸡猜拳，获胜者进化为凤凰，输者为小鸡，继续找同类猜拳进化，以此类推，直至进化为人类。在整个过程中学生应注意对每种物种所做造型的保持。

（4）最后肯定有学生不能进化为人类，教师可以使其进行才艺展示，既可作为"惩罚"，又可活跃气氛。

【安全监控】

（1）只有同种物种之间才可以猜拳进化，即鸡蛋和鸡蛋、小鸡和小鸡、凤凰和凤凰、猩猩和猩猩之间进行猜拳进化，以此类推，直至完全进化为人类。

（2）进化过程为逐级进化，学生不可跳跃，更不允许不通过猜拳，直接自我进化。

（3）在项目进行过程中，最容易发生的就是长时间未进化的学生一着急，就跨级进化。教师要注意监控。

（4）学生遵循"友谊第一，进化第二"的原则，不要为了进化而伤害同类。在进化"混乱"的过程中，教师注意对纪律和安全的把控。

【项目时间】

项目挑战时间：15分钟。

项目分享时间：15分钟。

项目操作总时间：约30分钟。

【项目观察】

（1）布课阶段教师应讲清楚项目规则，项目开始后，教师尽量不与学生进行沟通交流。

（2）教师应严格监控学生的行为，一旦学生出现忘做物种造型、造型不规范和跨级进化的行为，教师应立即指出。

（3）教师在学生屡次进化受挫后可以鼓励告知："不要放弃，尽快去找同类猜拳。"

（4）当有学生进化为人类后，可以两两用手臂搭成拱桥站成一列作为"凯旋门"，之后进化的学生从"凯旋门"通过，大声告诉他们"恭喜你们进化为人类"。

【总结与分享】

（1）进化论项目主要是用来活跃气氛，打破学生之间因不熟悉而隐形存在的"坚冰"。

（2）在项目进行中，教师应引导学生尽可能多地与其他人猜拳，这样有利于自身进化和团队氛围的形成。

（3）教师应提醒学生注意规则，各个进化阶段辅以物种的造型表现，也是为了使学生解放天性，更加自然顺畅地与其他学生沟通交流。

（4）项目在热烈的气氛中进行时，每位学生是否与其他学生有过沟通交流？在项目结束后，学生之间是否有了进一步沟通的基础？

（5）每位学生是否能主动与他人沟通交流？如果学生知道一些交流的方法，与陌生同学交流会不会变得较为容易？

（6）教师不要过分为难最后没有进化成功的学生，让其进行一定的才艺展示即可。注意对其他学生提出的要求进行引导和修正，不能盲目答应其他学生的要求，也不能生硬地拒绝，这样可能会把刚刚调动起来的气氛破坏掉。

项目2：松鼠与大树

【项目类型】

团队协作培训、破冰培训。

【培训目的】

（1）增进队员之间的交流；打破人与人之间的隔阂。

（2）增强队员之间的信任与合作。

（3）培养队员的反应能力和发散性思维。

视频：松鼠与大树

【场地器材】

一块平整没有砖石等异物的空场地，面积大约为 300 m^2。

【项目布置】

全体队员围成一个大的圆圈，1、2、3报数，参与者每三人组成一组，2为松鼠，1和3为大树；1和3两人面对面，双手高举相握组成大树，2蹲在搭建的大树中间。教师或没有成对的学生成为口令发出者，在三种口令下（猎人来了、着火了、地震了）队员作出不同的反应，如图5-1所示。

【项目规则】

（1）口令：猎人来了，则"松鼠"离开原地随机寻找其他大树蹲下；教师或没有成对的学生就临时扮演"松鼠"寻找"大树"蹲下，落单的学生要接受惩罚。

（2）口令：着火了，则"大树"离开原地，寻找不相邻的队员重新到其他地方组合成新"大树"；接受惩罚的学生临时扮演"大树"，落单的学生要接受惩罚。

（3）口令：地震了，则"松鼠"和"大树"全部打散重新在不同的位置进行组合；接受惩罚的学生临时扮演"大树"或"松鼠"，落单的学生要接受惩罚。

【安全监控】

（1）项目进行前要求队员不要佩戴影响安全的物品。

（2）检查场地是否平整，以及地面是否有尖锐物体。

图 5-1 松鼠与大树

（3）在奔跑过程中要注意观察，避免相撞导致受伤。

（4）教师要时刻观察安全状况，及时提醒和制止学员的危险动作。

【项目时间】

项目挑战时间：35 分钟。

项目分享时间：15 分钟。

项目操作总时间：约 50 分钟。

【项目观察】

（1）队员要认真听取项目规则。

（2）项目进行前安排安全监督人员。

（3）队员视野要开阔。

（4）队员被从团队里面排挤出来后是否积极寻找其他位置。

（5）队员是否愿意接受惩罚。

【总结与分享】

（1）在实际工作中，每个人都要有大局意识，个人服从团队，只有这样个人才能迅速地成长。

（2）在有压力的情况下要善于冷静观察，并能作出迅速的反应，这是比较难做到的事情，但是一旦做到了，就会有积极的心态参与到工作中，发散性思维是我们创新前进的基础。

（3）身边的资源就是最好的组合。身边的资源被人利用后，如何选择后备组合？有时候目标越简单、越清晰、越直接越好。

（4）不为失败找借口，要为成功找方法。输了就要学会接受惩罚，接受惩罚是团队领导人格魅力的体现，是否能够主动承担责任，决定了一个人的魅力大小。

项目3：有轨电车

【项目类型】

团队协作培训。

【培训目的】

（1）培养队员的组织、沟通和协作能力。

（2）培养队员的团队意识、协作精神和凝聚力，增强集体荣誉感。

（3）增强全体队员获取胜利的信心和勇于向前的精神。

（4）深入感悟个人与团队的相互关系。

【场地器材】

一块平整的空场地、木板若干块。

【项目布置】

利用两块木板模拟一辆有轨电车，按照木板上面绳子的数量在木板上站相应人数的队员（双脚分别踩在两块木板上），双手提拉绳，队员行动、步调要一致，共同完成驱动电车向指定方向行进，如图5-2所示。

图 5-2　有轨电车

【项目规则】

（1）队员按照电车上绳子的数量站在电车轨道上，每名队员必须用手提拉电车上的绳子，听到口令后让电车开动起来。

（2）活动过程中队员要保持步调一致，如果出现摔倒的情况，双手立即扔掉绳子，同时大声地叫停并告知同伴。

（3）在行进过程中，如果有队员中途掉落电车（身体接触地面），则返回原地重新开始。

（4）队员驱动电车向指定方向行进，并按要求完成一定距离的行驶。用时最少的队伍获得胜利。

【安全监控】

（1）检查场地是否有石块等尖锐的物体，以免队员受伤。

（2）做好安全提示。

（3）如果有队员摔倒，不要用手扶电车轨道。

（4）教师一定要跟随在电车侧前方1.5 m左右观察学员，做好防护准备。

【项目时间】

项目挑战时间：45分钟。

项目分享时间：15分钟。

项目操作总时间：约60分钟。

【项目观察】

（1）教师讲解重点突出、语意清楚，确保学员都清楚规则。

（2）队员练习过程是否充分。

（3）在训练时队内的指挥与分工如何。

（4）在练习过程中观察队员是否有相互埋怨的情况。

【总结与分享】

（1）通过团队成员之间的团结协作，体验完成目标的感受。

（2）队内统一指挥对顺利完成任务具有极其重要的作用，如出现多个领导，会导致队员无所适从，队伍就会乱了阵脚。

（3）领导者和指挥者是不同的，区别在于领导者不一定是现场指挥者，现场指挥者也不一定是领导者，但是现场必须要有指挥者。

（4）在练习的过程中会发现很多问题，只有经过不断地发现问题并及时总结经验，使所有的队员全部了解，这样团队的目标才会成为所有队员的目标，如果目标一致了，完成任务的速度就快了。

（5）经验是在不断地尝试与失败中总结出来的，积极的尝试对完成任务具有重要的作用。

项目4：绳采飞扬

【项目类型】

执行力培训、团队协作培训。

【培训目的】

（1）增强队员之间的协调能力和合作精神。

（2）培养队员之间的互帮互助精神。

（3）增强队员的反应能力和协调能力。

【场地器材】

一块平整的空场地、长绳若干条。

要求场地地面干净平整，没有砖石等异物，面积大约为200 m²。

【项目布置】

参加人员以小组为单位,每个小组10人左右(含摇绳子2人)。跳绳队员站在摇绳队员的侧前方,当绳子摇起后,队员依次跳过绳子(必须一人一次性跳过绳子),规定时间内通过人数多的小组获胜,如图5-3所示。

图5-3 绳采飞扬

【项目规则】

(1)摇绳队员面对面站立,间隔不小于4 m。

(2)跳绳队员依次跳过绳子(必须一人一次性跳过绳子),计次数一次。

(3)限定时间为3分钟,规定时间内通过人数多的小组获胜。

【安全监控】

(1)项目进行前要求队员不要佩戴影响安全的物品。

(2)在奔跑的过程中要注意观察,避免相互碰撞导致受伤。

(3)检查场地是否有石块等尖锐的物体,以免队员受伤。

【项目时间】

项目挑战时间:45分钟。

项目分享时间:15分钟。

项目操作总时间:约60分钟。

【项目观察】

(1)队员的分工是否合理(如摇绳队员的选定)。

(2)队员相互之间的配合是否流畅。

(3)项目在进行过程中的违规问题。

(4)队员的安全状况及时间控制情况。

【总结与分享】

（1）同组队员之间的相互鼓励非常重要，在鼓励声中使队员之间体会同伴的重要性，同时，也增进队员之间的相互了解和信任。

（2）在项目进行过程中，队员之间的协作能力和合作精神显得尤为重要，整个过程需要彼此的配合和相互鼓励。

（3）在项目进行过程中队员是否有依赖思想？认为自己的表现对团队影响不大？

（4）要想在竞争中取得胜利，什么是最重要的？

项目5：杯水车薪

【项目类型】

团队协作培训、破冰培训。

【培训目的】

（1）增进队员之间的交流与沟通；打破人际"坚冰"。

（2）增强队员之间的信任与合作。

（3）培养队员的协调能力和反应能力。

【场地器材】

一块平整的场地，面积大约为200 m^2，一次性纸杯、水盆、量杯。

【项目布置】

参加人员以小组为单位，每个小组10人左右站成一排，队员之间用嘴上咬着的纸杯传递水源，第一名队员从水盆中取水，最后一名队员将水倒入盛水的容器中。在整个过程中除开始和结尾的队员外，其他队员不能用手触碰纸杯，队员嘴上的纸杯也不能离开自己的嘴巴，如图5-4所示。

图5-4 杯水车薪

【项目规则】

（1）第一名队员手持纸杯从水盆中取水，然后咬在嘴上，将纸杯中的水传递给下一名队员；最后一名队员将传递过来的纸杯中的水用手倒入盛水的容器中。

（2）除开始和结尾的两名队员外，其他队员在运输过程中手不能触碰纸杯。

（3）在规定时间内运输的水最多的队伍获胜。

【安全监控】

（1）项目进行时队员不能跑动。

（2）队员之间不能有身体接触。

（3）检查场地是否有石块等尖锐的物体，以免队员受伤。

【项目时间】

项目挑战时间：45分钟。

项目分享时间：15分钟。

项目操作总时间：约60分钟。

【项目观察】

（1）队员是否都能积极地参与，是否能服从管理。

（2）队员相互之间的配合是否流畅。

（3）在项目进行过程中的犯规问题。

（4）在项目进行过程中，队员如果将水洒到其他队员身上，队员之间是如何处理的。

【总结与分享】

（1）在项目进行过程中，队员之间的协作能力和合作精神显得尤为重要，整个过程需要彼此的配合和相互鼓励。

（2）细节决定成败，尽量减少过程中的各种不利因素，注意细节，提高运送效率。

（3）行动力很重要，如果要赢得这个比赛，每名队员就需要多次练习，动起来是关键，光说不练，找不到技巧，最终还是会输掉比赛。

（4）要想在竞争中取得胜利，应该要注意什么？

项目6：孤岛求生

【项目类型】

新人融入培训、团队协作培训、破冰培训。

【培训目的】

（1）培养团队的科学决策能力和对待工作严谨细致的作风。

（2）增进队员之间的交流与沟通，建立彼此的信任，打破人际"坚冰"。

（3）培养队员的协调能力和执行力。

（4）培养团队成员关注细节和结果导向的思维习惯。

（5）培养团队成员的沟通协作能力，做好团队的动态管理。

【场地器材】

2 m长的绳子、手套（供搬运木板的学员使用）、眼罩、三个岛屿的任务书各一张、鸡蛋两个、筷子两双、废报纸两张、网球或羽毛球一个、纸篓或小桶一个、胶带一卷。

要求场地地势平坦，用桶摆放成三个岛屿，岛屿之间没有杂物，其距离以木板可以搭上为准。

【项目布置】

大海中有三个岛礁，30分钟后潮水将淹没所有的岛礁，如果在岛礁上的人不逃离，将会被淹死；队员们必须完成各自岛礁的任务才能顺利逃生。

将学员分成三组，分别安置在盲人岛（基层员工）、哑人岛（中层管理者）、珍珠岛（高层决策者）。其中各岛人数按照珍珠岛、哑人岛、盲人岛的顺序从少到多分组。30分钟之后，海水将漫上岛礁，人员将失去生还机会，要求在规定时间内完成各自的任务并集合在一处安全的地方，如图5-5所示。

图5-5 孤岛求生

【项目规则】

（1）将学员随机分成3组，各小组完成自己的任务。

（2）珍珠岛、哑人岛、盲人岛三个岛一字排开。哑人岛在中间，哑人岛与盲人岛之间有一个搭木板的支点；哑人岛、盲人岛面积一样，珍珠岛面积最大。

（3）各岛上的人员只能看到自己的任务书而并不知道其他岛上的任务及道具。当然，盲人岛上的人是看不到任务书的，可以说话。哑巴岛上的人是不能说话的。

（4）分别将三组人带至珍珠岛、哑人岛、盲人岛，如果违反规定，将进行惩罚或取消资格。

（5）项目开始，各组分别接到任务书及道具。

（6）宣布项目开始，限时30分钟。

【孤岛求生任务书】

盲人岛任务书：

（1）请将一个球投入盲人岛旁边的一个桶内。

（2）将所有人集中到同一个地方。

（3）任何人和物品一旦落水，都将被冲到盲人岛。

哑人岛任务书：

（1）只有哑人才能帮助盲人移动到珍珠岛上；

（2）盲人岛的人在完成任务书上第一个任务后，哑人岛的人才能移动木板；

（3）你们是唯一可以移动木板的人；

（4）只有盲人可以触球；

（5）将所有人集中到同一个地方；

（6）任何人和物品一旦落水，都将被冲到盲人岛。

珍珠岛任务书：

（1）请将5、5、5、1四个数字，通过加减乘除，顺序可以颠倒，结果要等于24。每个数字只能用一次。

（2）使用所提供的道具：鸡蛋、透明胶、筷子，若干报纸将鸡蛋包裹起来，并且从高处落下鸡蛋不碎。

（3）将所有人转移到珍珠岛。

（4）任何人和物品一旦落水，都将被冲到盲人岛。

【安全监控】

（1）提醒队员岛的周围是大海，不要掉下去，要注意安全。

（2）在移动的过程中要严密注意"盲人"，防止他掉下木板，教师跟随"盲人"一起移动，随时注意保护，教师与学员身体之间要保持适当距离。

（3）"盲人"先闭眼再摘掉眼罩，眼睛要慢慢地睁开。

（4）当一个岛上集中的人数比较多时，尽量将"盲人"安排在岛的中间部分。

（5）队员在搭建木板时，要避免手指压伤，同时要注意避免队员之间碰伤。

（6）队员集中在一个岛上时要相互保护。

【项目时间】

项目布课时间：5分钟。

项目挑战时间：50分钟。

项目分享时间：15分钟。

项目操作总时间：约70分钟。

【项目观察】

（1）在项目进行时，"盲人"不允许摘掉眼罩，"哑人"不允许说话，如出现违规，将受到处罚。

（2）密切注意"哑人"在"盲人"未投进球前不得挪动木板。

（3）提醒学员反复、认真、仔细地看任务书。

（4）项目伊始有人无意落水，建议装作没看见，时间过半可以利用学员偶然落水的机会将其带至盲人岛。

（5）除"盲人"外其他人不得触球，"盲人"长时间仍无法扔进球可将桶挪近。

（6）"健全人""盲人"不得帮助搭放木板，"哑人"特别努力但木板的一端仍轻微着地时，可以不将木板拖至盲人岛。

（7）如发现队员存在隔岛传看任务书的情况，则应制止。

【总结与分享】

（1）要突破思维定式，敢于放权，不独断专行、事无巨细、事必躬亲。

（2）要注重有效沟通。

（3）事情应该抓住主要矛盾，分轻重缓急。

（4）"盲人"要学会主动寻求帮助。

（5）工作和日常生活中有没有类似的"孤岛"现象？应怎样解决？

（6）高层管理者必须具备方向感，即对企业发展有明确的定位；强烈的使命感，即对自己的工作有奉献精神。

项目7：齐眉棍

【项目类型】

团队协作培训、破冰培训。

【培训目的】

（1）培养团队协作能力及意识。

（2）增强队员之间的信任与合作。

（3）培养团队成员的执行力。

【场地器材】

一块平整的场地，轻质棍子一根，棍子长度约为 3 m。

【项目布置】

将队员分为两队，相向站立，共同用手指将一根棍子托住，调整至最矮的人的眉毛的高度，然后听口令大家同时下降，缓缓将棍子下降至地面。在整个过程中，不许有人将手离开棍子，一旦离开，则游戏失败，需要重新开始。这是一个考察团队是否同心协力的项目，如图 5-6 所示。

【项目规则】

（1）双手合拢伸出食指，手的高度必须在眉毛处。

（2）仅能用食指接触棍子且要一直保持不间断接触。

（3）所有人的食指都必须同时保持接触棍子。

（4）在行动过程中，如果有队员食指离开棍子，即视为任务失败。

图 5-6　齐眉棍

【安全监控】

（1）队员必须时刻注意棍子不要擦碰到队员的脸部或眼睛。

（2）队员不可以拿棍子打闹或挥舞。

【项目时间】

项目挑战时间：45 分钟。

项目分享时间：15 分钟。

项目操作总时间：约 60 分钟。

【项目观察】

（1）队员是否都能积极地参与，是否能服从管理。

（2）本队是否及时推选了项目指挥。

（3）队员相互之间的配合是否流畅。

（4）本队的讨论和决策是否合理。

（5）当本队出现问题时，是否有埋怨等情况出现，是怎么解决的。

【总结与分享】

（1）在项目进行过程中，队员之间的协作能力和合作精神显得尤为重要，整个过程需要彼此的配合和相互鼓励。

（2）细节决定成败，尽量减少过程中的各种不利因素，注意细节，提高运送效率。

（3）团队中每个人的目标与团队的目标不一致，都将导致团队停滞不前。

（4）一个人去完成一个简单的任务相对比较容易，但是几个人去完成一个任务时，相互的配合就显得尤为重要，因此团队协作的力量不容忽视。

拓展阅读

突破思维定式的方法——头脑风暴法

头脑风暴法是现代创造学的创始人——美国学者阿历克斯·奥斯本于1938年首次提出的。头脑风暴原指精神病患者头脑中短时间出现的思维紊乱现象，病人会产生大量的胡思乱想。奥斯本借用这个概念比喻思维高度活跃，打破常规的思维方式而产生大量创造性设想的状况。头脑风暴法的特点是让与会者敞开思想，使各种设想在相互碰撞中激起脑海的创造性风暴。其可分为直接头脑风暴法和质疑头脑风暴法。前者是在专家群体决策基础上尽可能激发创造性，产生尽可能多的设想的方法；后者则是对前者提出的设想、方案逐一质疑，发现其现实可行的方法。这是一种集体开发创造性思维的方法。

头脑风暴法力图通过一定的讨论程序与规则来保证创造性讨论的有效性，由此，讨论程序成了头脑风暴法能否有效实施的关键因素。从程序来说，组织头脑风暴法关键在于以下六个环节。

1. 确定议题

要想充分发挥头脑风暴法的作用，首先从对问题的准确阐明开始。必须在会前确定一个目标，使与会者明确通过这次会议需要解决什么问题，同时不要限制可能的解决方案的范围。一般而言，比较具体的议题能使与会者较快产生设想，主持人也较容易掌握；比较抽象和宏观的议题引发设想的时间较长，但设想的创造性也可能较强。

2. 会前准备

为了使头脑风暴畅谈会的效率较高、效果较好，可在会前做一点准备工作。如收集一些资料预先给大家参考，以便与会者了解与议题有关的背景材料和外界动态。就参与者而言，在开会之前，对于要解决的问题一定要有所了解。会场可做适当布置，座位排列成圆环形的环境往往比教室式的环境更为有利。另外，在头脑风暴畅谈会正式开始前，还可以提出一些创造力测验题供大家思考，以便活跃气氛，促进思维。

3. 确定人选

一般以8~12人为宜，也可略有增减（5~15人）。与会者人数太少不利于交流信息，激发思维；而人数太多不容易掌握，并且每个人发言的机会相对减少，也会影响会场气氛。只有在特殊情况下，与会者的人数可不受上述限制。

4. 明确分工

会议要推定一名主持人，1~2名记录员（秘书）。主持人的作用是在头脑风暴畅谈会开始时重申讨论的议题和纪律，在会议进程中启发引导，掌握进程。如通报会议进展情况，归纳某些发言的核心内容，提出自己的设想，活跃会场气氛，或者让大家静下来认真思索片刻再组织下一个发言高潮等。记录员应将与会者的所有设想都及时编号，简要记录，最好写在黑板等醒目处，让与会者能够看清楚。记录员也应随时提出自己的设想，切忌持旁观态度。

5. 规定纪律

根据头脑风暴法的原则，可规定几条纪律，要求与会者遵守。如要集中注意力积极投入，不消极旁观；不要私下议论，以免影响他人的思考；发言要针对目标，开门见山，不要客套，也不必做过多的解释；与会者之间相互尊重，平等相待，切忌相互贬损等。

6. 掌握时间

会议时间由主持人掌握，不宜在会前定死。一般来说，以几十分钟为宜。时间太短，与会者难以畅所欲言；太长，则容易产生疲劳感，影响会议效果。经验表明，创造性较强的设想一般在会议开始10~15分钟后逐渐产生。美国创造学家帕内斯指出，会议时间最好安排为30~45分钟。若需要更长时间，就应将议题分解成几个小问题分别进行专题讨论。

一次成功的头脑风暴畅谈会除在程序上的要求外，更为关键的是探讨方式、心态上的转变，概而言之，即充分的、非评价性的、无偏见的交流。具体而言，则可归纳为以下两点：

（1）自由畅谈。与会者不应该受任何条条框框的限制，放松思想，让思维自由驰骋。从不同角度、不同层次、不同方位，大胆地展开想象，尽可能地标新立异、与众不同，提出独创性的想法。

（2）延迟评判。头脑风暴畅谈会必须坚持当场不对任何设想做出评价的原则。既不能肯定某个设想，又不能否定某个设想，也不能对某个设想发表评论性的意见。一切评价和判断都要延迟到会议结束以后才能进行。这样做一方面是为了防止评判约束与会者的积极思维，破坏自由畅谈的有利气氛；另一方面是为了集中精力先开展设想，避免将应该在后阶段做的工作提前进行，影响创造性设想的大量产生。

二、团队意识篇

◆ 故事链接 1

一个装扮像魔术师的人来到一个村庄，他向迎面而来的人说："我有一颗汤石，如果将它放入烧开的水中，会立刻变出美味的汤来，我现在就煮给大家喝。"这时，有人就找了一个大锅，也有人提了一桶水，并且架上炉子和木材，就在广场煮了起来。这个陌生人很小心地将汤石放入滚烫的锅中，然后用汤匙尝了一口，很兴奋地说："太美味了，如果再加入一点洋葱就更好了。"立刻有人冲回家拿了一堆洋葱。陌生人又尝了一口："太棒了，如果再放些肉片就更香了。"又一个妇人快速回家端了一盘肉来。"再有一些蔬菜就完美无缺了。"陌生人又建议道。在陌生人的指挥下，有人拿了盐，有人拿了酱油，也有人捧了其他材料，当大家一人一碗蹲在那里享用时，他们发现这真是天底下最美味的汤。

🔊 故事链接 2

一个外企招聘白领职员，吸引了不少人前去应聘。应聘者中有本科生，也有研究生，他们头脑聪明、博学多才，是同龄人中的佼佼者。聪明的董事长知道，这些学生有渊博的知识做后盾，书本上的知识是难不倒他们的，于是，公司人事部就策划了一场别开生面的招聘会。招聘会开始了，董事长让前六名应聘者一起进来，然后发了15元，让他们去街上吃饭。并且要求，必须保证每个人都要吃到饭，不能有一个人挨饿。六个人从公司里出来，来到大街拐角处的一家餐厅。他们上前询问就餐情况，服务员告诉他们，虽然这儿米饭、面条的价格不高，但是每份最低也得3元。他们一合计，照这样的价格，六个人一共需要18元，可是现在手里只有15元，无法保证每人一份。于是，他们垂头丧气地离开了餐厅。回到公司，董事长问明情况后摇了摇头，说："真的对不起，你们虽然都很有学问，但是都不适合在这个公司工作。"其中一人不服气地问道："15元钱怎么能保证六个人全都吃上饭？"董事长笑了笑说："我已经去过那家餐厅了，如果五个或五个以上的人去吃饭，餐厅就会免费加送一份。而你们是六个人，如果一起去吃，可以得到一份免费的午餐，可是你们每个人只想到自己，从没有想到凝聚起来，成为一个团队。这只能说明一个问题，你们都是以自我为中心、没有一点团队合作精神的人。而缺少团队合作精神的公司，又有什么发展前途呢？"听闻此话，六名大学生顿时哑口无言。

项目1：无敌风火轮

【项目类型】
团队协作培训、执行力培训。

【培训目的】
（1）没有统一方向，就没有一致的步骤，使队员学会认同目标、认同方向。
（2）团队只有协调和规范了，才能提高效率；训练团队的纪律性和协调性。
（3）学会换位思考，领悟首领意思，建立有效的沟通方式。
（4）发挥资源的最大利用价值。

【场地器材】
平整空地一块、报纸、胶带、小刀。

【项目布置】
每个队自己准备报纸等材料。用报纸做成一个"轮状"的环，按照规则要求，完成规定的距离，最快到达终点的队伍获胜，如图5-7所示。

视频：无敌风火轮

图 5-7 无敌风火轮

【项目规则】

（1）课前队员自行准备报纸。

（2）队员利用胶带纸和报纸自制"风火轮"。

（3）所有队员乘坐在"风火轮"里，想方设法让"风火轮"转动起来。

（4）以资源用得多少、速度快慢、制作的"风火轮"质量来判定胜负。

【安全监控】

（1）途中发现有人踩出车轮外，则停开"风火轮"10 s，对方继续前进。

（2）途中"风火轮"破损，可以选一位修理工，待修好后继续出发。

（3）教师时刻观察安全状况，及时提醒和制止学生危险动作。

【项目时间】

项目挑战时间：25 分钟。

项目分享时间：15 分钟。

项目操作总时间：约 40 分钟。

【项目观察】

（1）有不同意见时，你该如何判断和处理？

（2）当个人想法与团队思想有异议时，能服从团队思想吗？

（3）你具有团队协作意识吗？

（4）对于组织的目标你是否认同？

【总结与分享】

（1）在开展工作时，首先要制定统一标准，标准的不统一会造成队员的混乱，以免延误时间。

（2）在操作的过程中一定要谨慎，制定了统一标准后，还需要注重细节的管理，思考也要具有前瞻性，正确分析资源，有效利用资源。

（3）当团队中出现不同意见时，要学会权衡利弊，发扬奉献精神，顾全大局，培养队员的集体荣誉感。

（4）培养解决问题的能力，解决问题前做好行动的计划和讨论，使在解决问题时更有计划性和条理性。

项目2：穿越雷区

【项目类型】

团队协作培训、时间管理培训、融入培训。

【培训目的】

（1）改善人与人之间的沟通技巧，提高人与人之间的信任度。

（2）体会团队决策、团队分工、团队合作的重要性。

（3）能够认真学习并理解规则及运用规则；善于吸取经验教训，少走弯路。

（4）克服思维定式，突破自我限制、思维创新，创造性地解决问题。

（5）体会科学工作流程的建立及组织计划的重要性。

【场地器材】

相对开阔的平整场地、雷阵图和图解各一张。

【项目布置】

团队现在要去敌后侦察敌情，途中需要经过一片雷区。每隔35分钟，敌方就会有一次巡逻。所以，现在的任务是队员必须在30分钟内从雷区入口进入，依次通过雷区，到达对岸，如图5-8所示。

图 5-8　穿越雷区

【项目规则】

（1）所有队员必须在 30 分钟内从雷区入口依次通过雷区，到达对岸。

（2）每组两人，一名为穿越者，一名为指引者；指引者只能在雷区外用语音指引同伴通过雷区。

（3）雷区里每次只允许一人活动。

（4）穿越者只允许在相邻的格子间移动一步，不能跳格，不能踩线。

（5）道具上不能做任何临时性标记。

（6）穿越者接触到地雷，则宣告失败，退出后不可发出任何声音。

（7）口令指示用语：A."请继续"；B."有雷，请原路退回"。

【安全监控】

（1）队员不得光脚行动。

（2）教师要时刻观察安全状况，及时提醒和制止学员的危险动作。

【项目时间】

项目挑战时间：30 分钟。

项目分享时间：30 分钟。

项目操作总时间：约 60 分钟。

【项目观察】

（1）本队有没有及时推选出领导。

（2）团队有没有服从领导指挥。

（3）团队思维有没有创新。

（4）队内讨论和决策是否合理。

（5）团队配合是否流畅，队员有没有在主动记忆及提示。

（6）队员是否有犯规行为，团队是否有时间管理机制。

（7）当本队出现问题时，是否有埋怨等情况出现，若是，怎么解决的。

【总结与分享】

（1）队员之间的交流是不是很顺利？交流中主要涉及哪些方面？

（2）因为违规被惩罚时是怎样的心情？

（3）对"地雷"有何看法？

（4）怎样才能迅速地通过雷区？

（5）穿越雷区与实际生活有什么联系？可以得到什么启示？

（6）在整个过程中首先需要解决哪些问题？

（7）领导是专门出主意的吗？在工作中如何定位？如何扮演好自己的角色？

项目 3：合力建桥

【项目类型】

沟通培训、团队协作培训、时间管理培训、执行力培训。

【培训目的】

（1）培养队员统一行动、学会或听从统筹规划、紧密协作的思维方式及行为习惯。

（2）培养队员对资源进行合理配置及充分利用资源的能力。

（3）培养团队的科学决策能力及严谨细致的工作作风。

（4）培养队员注重时间管理，做事要有高效率、高标准的思维模式。

（5）提升团队的执行力，有计划地向既定的目标努力并顺利完成任务。

【场地器材】

两处宽敞平整的场地，两处场地之间互相看不到对方队员的动作。两张桌子，每组五个矿泉水瓶、两根筷子、胶带、两张 A4 纸、一把剪刀。

【项目布置】

利用提供的器材，由两个队同时独立搭建"长江大桥"的一半，然后将两半拼接起来（图 5-9）。

图 5-9　合力建桥

【项目规则】

（1）两队不能看对方、不能互通声息、分别独立搭建"长江大桥"的一半。

（2）建桥时工具和材料只能使用提供的，无须自行准备。

（3）建桥期间双方只能各派一名队员进行沟通，沟通时只能使用语言沟通，不可以携带纸张和笔，不可以携带手机拍摄照片，沟通的总时间为 1 分 30 秒，沟通次数不限。

（4）建桥标准是双方搭建的桥梁可以完全拼接，制作方法、工艺、用料基本相同。

【安全监控】

（1）要求队员身上不携带影响安全操作的物品。

（2）检查场地是否有尖锐物体。

（3）教师时刻观察安全状况，及时提醒并纠正队员的危险动作。

【项目时间】

项目挑战时间：30 分钟。

项目分享时间：30分钟。

项目操作总时间：约60分钟。

【项目观察】

（1）团队在建桥之前的策划如何及操作方式。

（2）团队沟通前做了哪些准备。

（3）队员有没有服从整体的分工，在执行过程中的状态如何。

（4）沟通后队员如何将内容描述给其他队友。

（5）团队建桥使用的时间和如何分配沟通次数。

（6）团队执行力表现如何。

（7）团队队员之间对于失误或者失败的结果是如何对待的，有没有相互埋怨、有没有承认失误，有无认真地总结和自我反思。

（8）项目成功完成时，团队的表现和感悟。

【总结与分享】

（1）设定一个明确的目标。沟通是通过信息、思想和情感在个人之间传递，达成共同协议的过程。因此，沟通之前要有明确的目标，沟通就是为了弄清楚对方的想法，或者是要向对方传递某一个信息。

（2）完整沟通需要三个要素，分别是沟通信息的发出者、媒介、信息的接收者。沟通是双向互动的过程，无论是信息的发出者，还是信息的接收者或外在的客观因素，都可能影响沟通效果。

为了有效沟通，克服一些影响，最好的办法是对对方传达的信息及时反馈，这样能使双方的表达和思想保持一致。

（3）要确保信息传递的准确性。联络员在信息传递时不要加入对信息的主观理解，要尽可能将联络过程中得到的信息原封不动地传达，避免信息的曲解。

（4）在特殊情况下尤其是在压力条件下传递信息时，要简单明了，每次信息量要控制好不宜过多，否则会影响传达的准确性。

（5）凡事预则立，不预则废，凡事要计划、要预判，不打无准备之仗。

（6）设定好目标后，团队每位成员都应该严格执行。仅有良好的沟通，而未严格地执行，终将是猴子捞月一场空的结果。

项目4：人椅

【项目类型】

团队协作培训、执行力培训。

【培训目的】

（1）培养学生交流与合作的能力。

（2）培养在目标明确的情况下，相互扶持最终获得胜利的能力。

（3）打破肢体接触障碍，增强团队成员之间的支持与信任。

视频：信任人椅

【场地器材】

一片没有尖桩、利石的平整地面。

【项目布置】

所有队员围成一个圆圈，前面的队员坐在后面队员的腿上，最终看哪个队伍坚持的时间最长，如图 5-10 所示。这个项目考察队员的协调能力和合作精神。

图 5-10　人椅

【项目规则】

（1）团队所有队员围成一个圆圈。

（2）每位队员将双手放在前面一位队员的双肩上。

（3）听从教师的指令，缓缓地坐在身后队员的腿上。

（4）坐下后，教师再给予指令，让学员喊出相应的口号，如"齐心协力、勇往直前"。

（5）最后以小组竞赛的形式进行，看看哪个小组可以坚持最长时间不松垮。

【安全监控】

（1）教师要在旁边给予队员鼓励，例如，及时公布他们已经坚持了多长时间，以鼓舞学员的士气。

（2）教师要时刻观察安全状况，及时提醒和制止队员的危险动作。

【项目时间】

项目挑战时间：30 分钟。

项目分享时间：30 分钟。

项目操作总时间：约 60 分钟。

【项目观察】

（1）在项目进行过程中，队员有没有松懈现象。

（2）队员之间有没有进行沟通，是不是相互鼓励。

（3）出现问题队员的表现怎样，是如何解决的。

【总结与分享】

（1）这个项目使队员体会到坐在别人腿上和被人坐都不是好受的，所以需要队员之间的容忍与配合。

（2）团队有了一致目标，并找到适合的解决方法之后，应该使所有成员都知晓明白解决方案和需要注意的问题，并且做好分工，千万不能仅在部分队员知晓的情况下轻率地开始挑战。当大家的目标和解决方案都很明确时，方能心往一处想，力往一处使，使挑战更加顺利。

（3）在竞争中获胜，什么才是最重要的？

（4）这个项目不能急于求成，要始终保持一致，保持集体的观念，因为成功的关键在于每个队员都要做到位。

项目5：盲人投球

【项目类型】

团队协作培训、执行力培训。

【培训目的】

（1）活跃团队的气氛，增强团队的凝聚力。

（2）增强队员之间相互信任、理解和相互合作的团队精神。

（3）通过队员之间的相互鼓励，实现感情上的沟通。

【场地器材】

一片没有尖桩、利石平整的地面，呼啦圈、垒球或沙袋等。

【项目布置】

空旷的大草地上，前方6 m处放一个呼啦圈，每对搭档中一个人不戴蒙眼布，其余人都戴。搭档负责告诉他向什么方向走、做什么。在规定的时间内，看哪组进的球最多，哪一组就获胜，如图5-11所示。

【项目规则】

（1）每队队员按照布置好的场地站立，统一标准为大概距离呼啦圈6 m。

（2）每队一名队员负责在呼啦圈后面捡球。

（3）每扔进呼啦圈内一球得一分。

（4）扔球队员要先将眼睛蒙上。

【安全监控】

（1）要求抛球的队员先看好呼啦圈的位置，不能随意抛球。

（2）戴上蒙眼布后队员之间不得随意打闹。

（3）教师要时刻观察安全状况，及时提醒和制止队员的危险动作。

图 5-11　盲人投球

【项目时间】

项目挑战时间：30 分钟。

项目分享时间：30 分钟。

项目操作总时间：约 60 分钟。

【项目观察】

（1）有没有人主动指挥，指挥效果如何。

（2）在项目进行的过程中，队员是不是都在积极地思考与参与。

（3）当出现问题时，本队是如何解决问题的，方式是否恰当。

【总结与分享】

（1）通过大家的合作完成任务是一件令人高兴的事情，体会那种成功的喜悦。

（2）通过语言和手把手地将球踢给对方来进行与同伴感情上的沟通。

（3）让队员体会到：自己在帮助别人的同时有可能也正需要别人的帮助。

（4）合作意味着相互成就，体会到为别人搭桥就是在为自己铺路。

项目 6：盲人足球赛

【项目类型】

团队协作培训、时间管理培训、执行力培训、沟通力培训。

【培训目的】

（1）增进团队内部队员之间的信任，提升团队执行力。

（2）促进队员之间的沟通和交流，帮助队员加强有效沟通意识。

（3）培养团队的合作精神、科学决策能力和严谨细致的工作作风。

（4）认识服从组织安排和合理分工的重要性。

（5）培养队员的规则意识，严守规则不犯规。

【场地器材】

草皮或人工草皮球场、眼罩、足球、计时秒表。

【项目布置】

在一个足球场里，将所有队员分成两支队伍开展足球比赛，每支队伍一半队员充当盲人，一半充当正常人。所有蒙着眼睛的队员按照足球比赛规则在同伴语言的引导下进行，如图 5-12 所示。

图 5-12 盲人足球赛

【项目规则】

（1）将队员分成两组进行对抗，每组为偶数，每组一个足球。

（2）每组队员实行两人搭档合作，其中一名将眼睛蒙上，在搭档语言的引导下开始活动，负责指挥的学员禁止触碰自己的搭档。

（3）蒙眼的队员，双肘弯曲，手掌向外，手的高度与脸相平。

（4）每场比赛规定为 10 分钟，每场比赛休息 3 分钟，然后交换场地继续比赛。

（5）两组通过猜拳的方式选择场地，场地选择好后，将球放在比赛场地中间，裁判员吹哨，比赛开始。

（6）比赛不设置守门员，每组将球踢进对方球门得一分，进球后将球拿到中场，重新开始比赛，在比赛过程中禁止踢高球，如有队员踢高球，将该队员罚下场。

【安全监控】

（1）提醒队员身上不能携带危险物品。

（2）课前教师检查场地是否有尖锐物体。

（3）防止队员相撞，防止队员踢高球。

（4）提示队员速度要慢，注意安全。

（5）教师要时刻观察安全状况，及时提醒和制止队员的危险动作。

【项目时间】

项目挑战时间：30 分钟。

项目分享时间：10 分钟。

项目操作总时间：约 40 分钟。

【项目观察】

（1）团队是怎样安排战术的。

（2）团队成员战术执行的状况如何。

（3）队员之间沟通是否流畅，队员的配合怎样。

（4）执行规则情况怎样。

（5）比赛中大家是如何处理遇到的配合问题的。

（6）团队活动中分工是否精细，统筹安排是否详细又科学。

（7）安全监控人员是否及时有效地在现场进行控制。

【总结与分享】

（1）足球赛需要团队很好地策划与组织，这是典型的团队协作项目。在比赛中要求队员无条件执行计划。执行力在团队建设时需要做到两点：第一要能做到自始至终；第二是计划执行中执行者尽量少用自己的理解与自己的表达方式。所以，怎样获得真正高效的执行力，是团队追求的终极目标。

（2）队员精准而及时的表达，是团队成员顺畅交流的前提。队员接受指令与快速反应的基础是理解与空间想象力的完美结合。所以，沟通需要倾听、理解、换位思考、及时反馈等多重能力的结合方能有效而精准。

（3）合作的基础是信任，执行中信任是关键因素，所以信任既可以保证团队和团队成员之间的卓越协作，也是事业的成功保障。

（4）当目标确定之后，注意细节也是至关重要的，如果团队在人力、时间、信心等众多方面受到损失，那么也难以成功。因此，细节决定成败在这里体现得更为明显、重要。

项目 7：击鼓颠球

【项目类型】

团队协作培训。

【培训目的】

(1) 培养队员团结协作、齐心协力完成共同目标的能力。

(2) 培养队员遇到挫折不轻言放弃、不断进取、争创佳绩的意识。

(3) 感受队员之间互相鼓励对完成任务的积极作用。

【场地器材】

一块平整的场地、4个鼓、绳子、排球。

【项目布置】

这是一个团队的挑战项目。通过鼓、绳子和球，以击球的次数来培养队员的协作能力，目标由团队合力来实现，如图5-13所示。

图 5-13　击鼓颠球

【项目规则】

(1) 带领全体队员做好热身活动，避免在活动中受伤。

(2) 将所有队员随机分组，分组时注意男女搭配。

(3) 每组另派一名队员专门负责将球放置在鼓面上。

(4) 提醒队员在屡次受挫后不要将不良情绪发泄到鼓上，要控制情绪、爱护器材、加强协作。

(5) 提醒队员在关注击球的同时，也要关注自己的脚下和身边的队友。

(6) 从颠起第一个球开始，球不得落在地上，否则从0开始计数。

【安全监控】

(1) 团队成员每人牵拉一根绳子。

(2) 颠球时队员握住绳头 30 cm 以内的地方或者握住把手。

(3) 爱护器材，颠球开始后鼓不得落地，球掉到地上后，不得随意将鼓摔到地上，放下要轻。

（4）根据鼓面的大小，团队的成绩一般以 10 个为佳。

（5）要求球颠起的高度在鼓面以上 20 cm，否则此球不计数或从头开始计数。

（6）颠球过程要注意安全。当教师和安全员喊停时必须停止。

【项目时间】

项目挑战时间：30 分钟。

项目分享时间：10 分钟。

项目操作总时间：约 40 分钟。

【项目观察】

（1）如果在短时间内没有找到好的方案，那是不是懂得先做起来边做边讨论，懂得行动起来比纸上谈兵重要得多。

（2）团队讨论之后是怎样形成决策的，最终决策是不是每个人都了解。

（3）结果出乎预料时，团队又是如何调整与应对的。

【总结与分享】

（1）对完成任务的团队及队员表示祝贺并给予鼓励。

（2）引导每名队员与大家分享活动中的感受，对于踊跃发言的队员给予肯定。可以引导队员将感想与学习、生活联系起来。

（3）回顾团队在完成项目过程中遇到了哪些问题，是如何克服困难的？

（4）完成项目过程中队员之间的想法有无冲突？是如何处理冲突的？有助于成功的因素有哪些？

（5）这个项目的完成给大家什么启发？如何将这个训练和队员的实际学习与工作联系起来？

项目 8：诺亚方舟

【项目类型】

创意思维培训、协作能力培训。

【培训目的】

（1）帮助队员跳出固有的思维模式，提升分析问题的逻辑能力及解决问题的能力，提升团队成员的创新思维的能力，加强培养团队集体思考的能力。

（2）调动队员完成任务的能力和意愿，培养队员及整个团队的执行力。

（3）提高团队的团结协作能力及安全意识。

【场地器材】

一块模拟大海的平整场地、模拟诺亚方舟船板的木砖 7 块，木砖大小为仅能站一个人的一只脚。

【项目布置】

受到温室效应的影响，地球即将出现洪荒，也再次出现诺亚方舟。在 30 分钟内，使所有队员能够通过诺亚方舟顺利渡过一段水面，到达安全地点，如图 5-14 所示。

图 5-14 诺亚方舟

【项目规则】

（1）利用提供的器材，团队在规定的 30 分钟内，完成任务。

（2）在活动过程中队员身体的任何部位不能碰触"水面"。

（3）在活动过程中队员掉落地面或身体接触地面，则需要返回起点重新开始。

（4）队员必须至少有一个部位在诺亚方舟船板上，若没有任何身体部位在诺亚方舟上，则诺亚方舟会被冲跑。

（5）当团队成员全部通过，则任务完成。

【安全监控】

（1）提醒队员身上不能携带危险物品。

（2）检查场地是否平整，有没有尖锐物体。

（3）教师要时刻观察安全状况，当队员站上方舟时，及时提示队员注意安全。

（4）安全员要时刻观察安全状况，及时提醒并纠正伙伴的危险行为。

（5）提示队员避免碰撞头部和压到手指。

【项目时间】

项目挑战时间：30 分钟。

项目分享时间：10 分钟。

项目操作总时间：约 40 分钟。

【项目观察】

（1）本队队员是如何分工的，在分工合作过程中是否得当。

（2）安全员全程有没有做到及时关注大家的安全问题并及时做出提示。

（3）队员之间的讨论、策划、决策是不是合理，安排是不是恰当。
（4）在讨论的过程中是不是每位队员都积极参与其中。
（5）队员在活动过程中有没有关注细节问题。
（6）团队是否有时间管理机制。
（7）本队出现问题时，是否有埋怨等情况出现，是怎么解决的。
（8）队员有没有创新思维。
（9）队员在活动过程中是否积极主动，执行力状况如何。

【总结与分享】

（1）资源有诺亚方舟木砖、时间、体力、不同的身体条件、智慧，要充分考虑可以利用的资源才能有效执行并完成团队任务。

（2）通过团队合理的分工和充分的协作可以人尽其才、各司其职、物尽其用，同时我们要注重细节，不能因疏忽和急迫造成可以避免的失误，导致资源浪费，甚至无法按时完成任务的结果。

（3）行动要源自发自内心的需求驱动，"我们的事业""我们的项目""我们的工作"这类言语是对内源性行动力最好的诠释。只有行动起来才有结果，没有行动，远不可能有结果。只有穿上鞋子才知道哪里磨脚，所以先行动起来，在行动中去磨合、纠偏、完善。

（4）好的执行力是对方案、任务不折不扣地执行。但在日常学习和工作中，我们的执行力有时会打折扣，这种折扣表现在时间、规格、投入度，也可能表现在结果。折扣的语言表现形式往往就是"一样的""差不多""下次再努力""一会再弄""明天再说"，而正是这些态度，使我们的执行力日渐低下，临时拼凑、临时抱佛脚、应付考试、为了拿毕业证、到了交作业的时候才熬夜、考试之前才学习。在这样的学习方式下永远不会产生好的学生，将这种学生放到社会上也是对社会的不负责任。因此，我们应该在学校期间就改进我们的态度，扭转我们的思维，将来才能做一个对社会有用的人，才可能有生存的空间。

（5）不为失败找借口，要为成功找方法，建立结果导向的思维方式有助于我们建立正确的价值观。

项目9：雷阵取水

【项目类型】

团队协作培训、创意思维培训。

【培训目的】

视频：雷阵取水

（1）感受遇到问题时如何分工合作将问题解决。
（2）通过解决问题的过程体会特殊人才对解决问题的影响和重要作用。
（3）通过解决问题的过程培养队员之间积极配合、各尽所能、共同完成任务的能力。
（4）培养分析问题、探索解决方案、合理分工、协同作战解决问题的工作习惯。
（5）体验时间管理的重要性，培养时间管理的意识。

【场地器材】

要求开阔,没有尖桩、利石的平整场地,面积大约为 200 m²,布置一个直径 6 m 的圆圈。绳子长度要求约为 20 m,直径为 10.5 mm 以上。将矿泉水瓶打开后放置在场地中心位置。

【项目布置】

雷阵取水是一个锻炼团队协作及创意思维的项目。一队士兵伪装成平民在穿越沙漠时喝光了所有的水。其中一名队员生命将受到威胁,如果 10 分钟内不能喝到水,生命难以维持,就在此时队员发现了沙漠泉眼,但经过探测,发现泉眼周围 6 m 直径的范围内被埋了大量的地雷。队员随身带着的只有绳索和水壶,所以,他们打算利用绳索帮助自己取出泉水来维持生命,如图 5-15 所示。

图 5-15　雷阵取水

【项目规则】

(1)全体队员要在规定的 10 分钟内,将直径 6 m 左右"雷阵"中的 3 杯水取出来。

(2)在取水过程中任何人或者物体不得触及"雷阵"任何区域,一旦触及视为任务失败,团队应重新开始挑战。

(3)在取水的过程中,水不得溅落出来。

(4)使用相同的方式取水不能超过 2 次。

【安全监控】

(1)提醒队员不得携带危险物品。

(2)检查场地是否平整、无尖桩和利石,同时确认绳子是否结实可靠。

(3)当队员被绳子托起后,安全员要时刻站在被托起的队员旁边,当遇到危险时要确保能用手及时拽住队员,直到确认队员安全着地。

（4）女队员在进行取水时，特别要注意将衣服扎好，头发要扎紧，避免和绳索缠绕。

（5）为了避免勒绞受伤，注意不要把绳索缠绕在手上。

（6）安全员和教师要时刻关注队员的安全，及时提醒并纠正队员的危险动作。

【项目时间】

项目挑战时间：30 分钟。

项目分享时间：10 分钟。

项目操作总时间：约 40 分钟。

【项目观察】

（1）任务布置后队员的思维方式。

（2）在完成任务的过程中是不是流畅。

（3）在协作完成任务的过程中，团队的人员安排是否合理。

（4）队员在安全和时间管理方面做得怎样。

（5）过程中有没有违规，有违规现象是怎样对待的。

（6）意见产生分歧时怎样解决及解决的方式，遇到挫折时的态度怎样。

【总结与分享】

（1）在实际工作中，遇到问题时需要做出一个决策，有时候做的决策可能不是最优的，可能是次优决策或满意决策，但在实施时会发现问题，所以需要在工作中不断地去完善，而在这个过程中需要正确把握民主和集中的尺度，用好团队决策和个人决策。要想事情有好的结果，做了好的决策后还需关注团队的执行力。

（2）要做到做事前有计划，执行有指挥、有监督，受到挫折时，要学会保持冷静和勇往直前的精神。

（3）凡事事后有总结，团队学会事后自我解决才能促使团队进一步成长。

（4）确定了一致的目标，团队的沟通也要讲求效果，有效的沟通决定了团队的执行力。

（5）时间是固定的，每天给予人的时间是等量的，但是时间是可以管理的，也可以相对地延长。团队若进行了有效的时间管理，便能在等量的时间内获取更大的价值。同时，对细节的管控会减少失误，失误减少了也就节约了返工的时间，同样也会提高工作效率。

项目10：十人九足

【项目类型】

团队协作培训。

【培训目的】

（1）通过不断地磨合，提高团队的协作能力。

（2）培养团队在练习中不断调整并形成统一的行动标准，通过高效的重复练习提高成绩。

（3）提升团队组织效率。

视频：十人九足

（4）使学生认识统一指挥的意义与重要作用。

【场地器材】

绑腿带 $n+1$ 根（n 为人数）。

【项目布置】

十人九足是一个团队配合的项目。在户外平整、开阔的场地，团队的学生用绑腿带将脚连接在一起，通过侧行和前行完成规定的路线，用尽量少的时间从起点到达终点，如图 5-16 所示。

图 5-16　十人九足

【项目规则】

（1）教师将学生带到固定场地，并要求学生摘除身上可能在活动中对身体造成伤害的硬物等。

（2）教师发给每位学生一根绑腿带并排列成一排，用绑腿带将自己的脚与相邻学生的脚在脚踝部连接起来，然后互相搭肩站立，队首不能超过起点线。

（3）项目开始后队伍沿路线向右侧前进，队尾超过长边后排列成一排前进，走完长边后全队侧行向左前进。整个过程需要在规定的区域内完成，不能踩线。

（4）各队练习 30 分钟，然后进行挑战比赛。

（5）完成路线用时最少的队伍获胜。

【安全监控】

（1）场地必须是平整宽敞的地面，所有学生只能穿运动鞋，不能穿钉鞋。

（2）教师应该了解学生的身体情况，如有头、颈、肩、背、腰、骶受伤史，严重的心脏病、心脑血管疾病、低血糖、高血压者不宜做这个项目。

（3）教师要注意学生的绑腿带松紧度是否适宜，提醒学生前行时注意调整速度，不要急于求成，避免出现踩脚、扭伤脚踝或摔伤。

（4）教师要提醒学生注意，侧倒时一定不要坐向相邻队友的膝关节处，以免产生膝关节内侧损伤。

（5）教师可以建议学生在较硬的地面上活动时，可以戴手套或护膝。

（6）教师可以适当指导学生如果全队停下来，即使听到哨声也应该缓冲两步再停下。

（7）教师站在距离队伍 1 m 处，准备一个哨子，发现有危险时，随时吹哨停止活动。教师要时刻关注每位学生，一旦失去平衡，立刻叫停。

【项目时间】

项目挑战时间：40 分钟。

项目分享时间：20 分钟。

项目操作总时间：约 60 分钟。

【项目观察】

（1）教师发令前，每队按横排立于起点线后。

（2）教师规定所有学生以站立方式起跑，听到发令后，同时走或跑向终点。

（3）教师强调在行进中所有相邻学生两脚自始至终要用绑腿带绑在一起，如遇脱落，需在原地重新系好后才可继续行进，否则成绩无效。如中途有学生摔倒，待整理好后可继续行进。

（4）各组出 1~2 名学生指挥保护，其余学生参与项目挑战。

（5）在拓展训练开始前，教师要排好学生的位置，根据学生的身高及体质均衡进行安排，学生的位置确定后，要保持一定的稳定性，尽量不要变更。在练习原地踏步、跑步时一定要在抬腿的高度上多下功夫，为以后跑步打好基础。

（6）跑步时，整队的排面整齐尤为重要，所有学生都要时刻注意排面的情况，当队伍发生一定程度的不平衡时，前者要稍微放慢，后者要稍微加速，但任何一名学生都不可停下。

（7）当有人摔倒时，所有学生应该尽快停下，以防止相互之间拉伤。排面不整齐是引起摔倒的最常见原因，所以，关于排面问题教师一定要认真强调，让注意排面整齐成为学生的习惯。

（8）在进行跑步训练的初期，不要求速度，只要每次都可以完整地跑完训练长度即可。在这个时期，一定要注意总结训练中出现的问题，多发现、多解决，早发现、早解决。

（9）在学生基本熟悉跑步的动作和技巧之后，在以后的训练中，则要在速度上不断地进行突破。在这个训练时期，训练强度比较大，学生每次竭尽全力跑完划定的长度后，要进行充分的休息，不可操之过急，连续的高强度训练会加大行进中出现意外的危险。但这个训练阶段，每跑一次要有一定的效果，一定要充分挖掘学生的潜力，在一定的长度内不断地提高速度，缩短时间。

（10）在训练的中后期，最重要的问题是要保证学生的安全，防止学生受伤，从而保持学生的稳定和队伍整体实力的稳定。

（11）学生迟迟不能投入练习时，教师可以适当指导。

（12）学生可以做统一的预备动作，如统一后撤一步做准备，易于分辨哪一只脚先行动。

（13）遇到个别学生实在不能和队伍节奏合拍，其他人急躁或可能造成危险时，教师可以通过婉转的方式将其从队伍中"请出"作为指挥或观察员。

（14）教师可以定一个活动的及格线，要求大家必须完成。

【总结与分享】

（1）在这个活动过程中同学们感受最大的是什么？

（2）团队是怎样讨论并产生活动方案的？产生的方案在实践中可行吗？如果不可行，大家是如何修正的？

（3）开始练习后，团队解决步调一致问题的方法是什么？

（4）每位学生是如何找到和团队其他成员相互配合的方法的？

（5）在工作中很多问题需要和其他人一起才能解决，如何才能在工作中灵活处置？

（6）统一指挥非常重要，可以有一个人指挥喊口令，也可以大家一起喊行动口令。团队是如何做的，效果如何？

（7）学生觉得怎样才能够做得更好？

（8）十人九足是拓展训练中一项非常具有挑战性的项目，该项目能充分体现学生的配合能力和默契度，体现学生之间的合作精神；有利于学生培养集体主义观念。通过这个项目，学生的集体意识显著增强，项目进行过程中学生要灵活应变，训练过程要从易到难、循序渐进，从而更好地与其他队友配合，发现规律，找到统一的步伐，完成看似不能完成的任务。

项目11：空中断桥

【项目类型】

团队协作培训。

【培训目的】

（1）让学生学习认识自我、挑战自我、战胜自我的方法。

（2）培养学生克服恐惧、勇往直前的积极心态和挑战自我、激发潜能的心理素质。

（3）让学生学习自我说服与自我激励，认识鼓励自己及他人的重要性。

（4）培养学生面对困难时的互帮互助精神。

（5）让学生学习分析和化解风险的能力。

【场地器材】

需要 7~12 m 高的组合训练架或转向训练架，动力绳 2 条，静力绳 1 条，上升器 1 把，止坠器 1 把，护腿板 2 副，足够数量的安全锁、滑轮、安全带、扁带与头盔。

【项目布置】

空中断桥是一个以个人挑战为主的项目，属于高空类高心理冲击的项目，如图 5-17 所示。每名学生利用上升器爬到距地面 8 m 高的断桥上，走到桥板一端，跨步跳跃，单腿起跳、单腿落地，跳到桥板另一端，再跳回来。最后利用上升器安全回到地面。

图 5-17　空中断桥

【项目规则】

（1）教师要了解学生是否有严重的外伤病史，或严重心脑血管及精神病、慢性病及并发症或医生建议不适合做此项目，这样的学生可以不做此类挑战项目。

（2）教师要求所有学生摘掉有可能造成伤害的物品并仔细检查。

（3）教师指派除队长外的一名安全员，强调他和队长的职责，再让他们重述安全要点。

（4）教师介绍安全装备的穿戴和注意事项（边示范边讲解），如上升器的使用方法，登山绳、安全锁、8 字环等专业保护设备的使用方法，以及"五步收绳法"。重点事项说明如下：

①安全带使用方法：腰带要在胯骨以上，反扣。

②头盔佩戴注意事项：头圈调整好，带子系紧，长发盘入头盔内。

③上升器使用要点：丝扣锁上回半圈，平行于绳索方向向上推，随时高于腰部，下来时只需按银色凹槽，黑色开关不可动。每位学生都应会使用上升器，要求完全掌握操作方法，尤其是队长与安全员要熟练操作。

（5）教师讲解在断桥上的动作要领，要点包括：眼睛往前看，不要往下看，深呼吸调整；单手虚握绳；起跳腿伸出板面 2~3 cm，略成弓步，摆动腿蹬直，默数"1、2、3"，大胆向前跳。

（6）教师要建议全体学生对将要挑战的学生给予鼓励。

【安全监控】

（1）教师应认真检查，确保学生正确佩戴专业设备及会熟练使用，方可开始挑战。

（2）教师应利用心理学的辅导方式给予学生适时、正确的辅导。

（3）教师应上断桥，指导学生完成任务，细节包括如下：

①关注学生上升过程，全过程教师应不断提醒学生上升器要高于腰部，脚下踩稳，一步一步来。

②学生快到断桥时，教师应帮学生推上升器，让学生能腾出双手上断桥。

③学生上到断桥后，靠柱子站，教师应先检查其安全装备，再帮助他更换保护绳（先上好保护绳，再解上升器）。

④教师应对学生进行装备调整、技术指导及心理指导，用激励、引导、安慰等交流方式帮助学生做好心理准备。

⑤学生下降过程中，教师应同样给予关注、提醒。

⑥当学生安全到达地面，教师应号召大家给予掌声。

⑦若时间允许，完成项目后，学生可以在场地喊队训、唱队歌。

（4）学生踏空、未成功跨越时，教师应适当调整断桥间距，鼓励学生再次尝试。

（5）如果学生在桥面受伤，教师应将其及时送往医疗机构救治。

【项目时间】

项目挑战时间：90分钟。

项目分享时间：30分钟。

项目操作总时间：约120分钟。

【项目观察】

（1）建议热身项目。

①热身慢跑800 m。要求：注意跑的速度、肌肉的放松、呼吸与节奏；慢跑中要保持基本队形；跑步中不要说笑打闹。

②关节操。要求：协调一致，边做边喊口令；认真完成动作；动作幅度逐渐加大，充分活动身体各关节。

（2）教师介绍项目时要求语言精练、讲解清楚，确保所有学生了解项目要求。

（3）教师应选择第一个参与挑战的学生做示范，一边讲解一边演练，但不要提示技术的要领。

（4）教师在确认所有学生的身体状况良好的情况下，鼓励所有学生参与挑战。

（5）断桥间距要适宜，适合个体跨越能力的差异。

（6）教师应适时对学生进行心理辅导，按照成功导向的方法进行鼓励，在学生挑战受阻时，要号召队友进行鼓励，使挑战者在得到鼓励后的最佳时机完成跨越。

（7）教师应根据学生男女比例、身体素质情况，统筹协调挑战顺序，不要将女学生及身体素质差的学生都留在最后。

（8）在学生项目挑战前或挑战成功后教师应给予鼓励和奖励，在学生挑战受阻或挑战失败时，及时进行危机干预及心理辅导。

（9）教师应观察并记录每位学生的表现，便于回顾总结。

（10）教师应通过适时的激励及不同方式的指导，保证学生挑战的积极性。

（11）教师应在任何时候将安全放在首位，保护学生的身心健康。

【总结与分享】

（1）由教师组织分享活动体会，对全体学生的表现予以肯定、鼓励，赞美每位学生成功完成本次挑战。

（2）让学生发表感受，讲真实感受，最好结合自己的生活、学习经历，由各队队长记录他们的发言，着重认识自我、挑战自我、不断进取，团队意识，自我激励与激励他人的重要性。

（3）教师可询问学生：你站在上面跨越前的感受是什么？是怎么克服的？

（4）教师可询问学生：同样的距离，在地面上跳，非常容易，为什么到了 8 m 高空就难了，是能力降低了吗？

（5）当有学生谈到，最大的敌人是自己，或者突破自我一类的话题时，教师可延伸话题，突破个人心理障碍，不要轻易否定自己，不要总给自己不良的暗示，不要轻易说"我不行"。每个人都蕴藏着极大的能力和丰富的资源，不尝试永远不知道自己的能力，勇敢地跃出第一步，成功就离你不远了。人最大的敌人是自己，要有超越极限、挑战自我的勇气，要有勇于挑战的习惯，这样做成功的机会就会多很多。

项目12：千足虫

【项目类型】

团队协作培训。

【培训目的】

（1）培养学生在团队中的应对能力。

（2）具备计划、组织、领导、控制等能力。

【场地器材】

平坦开阔的场地，有醒目的起点与终点，最好是草地或铺地毯的场地。

【项目布置】

"千足虫"项目是让学生排列成一条直线，面朝一个方向坐下，将双脚搭在前面同学的双肩上，在脚不离开同学肩膀的前提下，向前移动一定的距离。学生按要求组成一条"大虫"，从起点到终点，最快完成任务的队伍获胜。这是一个注重团队配合的项目，能够训练团队的沟通和协作能力，如图 5-18 所示。

【项目规则】

（1）活动中可以设置各种各样的障碍。

（2）学生在活动过程中不能说话、不能指挥。

（3）活动规则可以根据实际情况灵活调整。

【安全监控】

（1）活动选择在草地、地毯和沙地等地方进行。

（2）活动中越靠前的学生身高越高、体重越重。

（3）学生要将身上佩戴的首饰全部放到收纳箱内。

（4）手腕、上肢患过骨折或有伤病的学生不宜参加此项目。

（5）学生移动的距离要适当。

图 5-18 千足虫

【项目时间】

项目挑战时间：90 分钟。

项目分享时间：30 分钟。

项目操作总时间：约 120 分钟。

【项目观察】

（1）学生排列成一条直线，面朝一个方向坐在地上。

（2）除排头的学生外，其他学生的双脚搭在前方同学的双肩上，用手支撑地面。

（3）除排头的学生可用脚外，其他学生在保持双脚搭于前方同学的双肩的前提下移动身体。如果有学生的脚落下来，小组原地停滞，待学生全部复位后继续前行。

（4）起点与终点都以"虫首"通过为标准。

（5）学生可以用俯卧撑的姿势，把双脚搭在后一人的肩上。

【总结与分享】

（1）沟通的目的是使整个团体统一行动。

（2）如何形成真正意义上的协作和配合？

（3）你们在活动中最大的收获是什么？

（4）第一个上去的人有何感受？

（5）今后遇到此类活动时，你们完成任务的信心是否会有所增加？

（6）主讲人让学生分享个别小组没有完成任务的遗憾及感悟。

拓展阅读

个人与团队的交互分析

（1）"木桶效应"中体现的团队对个人的作用。

一个木桶的容水量，不取决于构成木桶的那块最长的木板，而是取决于最短的那块木板。

要使木桶能装更多的水，就要设法改变这块短木板的现状，这就是管理学中著名的"木桶效应"。

如果将团队中的队员视作木桶的木板，那么团队的竞争力就如同木桶的容水量，研究如何提高木桶的容水量则可以为增强团队的战斗力提供可以借鉴的途径。从这个效应中可以看到团体对于个人的帮助，其实无论是哪种材质的木板，还是高度多少的木板，都是木桶的组成部分，可以看到储水量的多少取决于那块最短的木板，正是由于木板之间的密不可分，才可以形成真正的使用价值。如果你是木桶中那块最短的木板，可以反思到整个团队对于个人的影响。正如我们所说的"三人行必有我师"的道理一样，可以通过团队的效用与团体成员之间的相互学习来提升自我价值，个人价值的提升是在团队价值提升的过程中同步进行的。也正是成员之间的相互学习和比拼，使木桶的储水量逐步加大。个人的成长能在一个良性的环境下进行是幸运的。因为木桶已经为个人提供了一个良好的环境，只要相互学习，不断提升自己，就可以使自己和木桶的价值最大化。团队中的精英可以对自己造成强大的影响，实现团体对于个人的推动力。

（2）"鲶鱼效应"中体现的个人对团体的作用。

"鲶鱼效应"一词起源于北欧居民捕沙丁鱼的故事。沙丁鱼生性懒惰，在运输途中常因缺氧而死亡。渔夫将一条鲶鱼放入鱼箱中，沙丁鱼竟奇迹般鲜活起来。在天敌胁迫下，沙丁鱼表现出超强的生命力，"鲶鱼效应"由此而来。鲶鱼可以代表团队领导者，沙丁鱼则象征着同质性强的团队群体，他们技能水平相似，缺乏主动性和创新性，效率低下，使团队呈现出萎靡不振的状态。有较强业务能力和较高个人素质的"鲶鱼"型领导能产生让成员不知不觉模仿并追随的效果，进而带动整体。首先，团队的成员是个人，所以，每个人的力量整合在一起的时候，效用是大于个人效用的相加之和的。其次，一个优秀的团队建设需要有一个优秀的领导，作为开拓者，若是个人的力量可以带动整个团队，则可以显示出个人的小小的力量对于整个团队的影响。同样，如果我们是鱼箱中的那条鲶鱼，则可以看到个人能力的创新带给整个团队的贡献。如果每个人都具有鲶鱼的特性，勤劳实干，不与别人攀比，有自己的主见，都愿意为团队的利益最大化而努力，那么这个团队所创造的价值也将是很大的。同时，这也是一个相互促进的过程。

综上所述，可以看到一个团队中个人和团体两者之间的关系，也可以看到个人对团体、团体对个人的相互作用，但是总体来说，这两个目标都是一致的，并且是相互依存的。

三、敬业乐群篇

敬业就是用一种严肃的态度对待自己的工作，勤勤恳恳、兢兢业业、忠于职守、尽职尽责的工作作风。取得成功最重要的不是一个人的能力的大小，而是一个人的道德品质。

> 🔊 **故事索引**
>
> 老木匠乔治已经60多岁了，一天，他告诉老板自己要退休回家与妻子、儿女享受天伦之乐。老板舍不得木匠，再三挽留，而此时老木匠决心已定，老板只能答应。最后老板问木匠能否可以帮忙再建造一座房子，老木匠答应了。在盖房子的过程中，老木匠的心已经不在工作上了，用料也不像之前那么严格，做出来的活也全无往日的水准，可以说，他的敬业精神已经不复存在。老板看在眼里、记在心里，但是老板没有说什么，只是在最后建造好房子以后，将房子的钥匙交给了木匠。"这是你的房子"，老板说："我送给你的礼物。"老木匠愣住了，他已经记不清自己这一生盖了多少好房子，没想到的是最后却为自己建造了这样一座粗制滥造的房子。究其原因，就是因为老木匠没有将敬业精神当作一种优秀的职业品质坚持到底！
>
> 一个人做到一时的敬业很容易，但要做到工作中始终如一，始终将敬业精神当作自己的一种职业品质却是难能可贵的。敬业精神要求一个人做任何事情都要善始善终。因为前面做得再好，也可能会由于最后的不坚持导致功亏一篑、前功尽弃！

项目1：解手链

视频：解手链

【项目类型】

团队协作培训、发散性思维培训。

【培训目的】

（1）让学员体会解决问题时，团队之间交流的重要性，增进全员之间的交流。

（2）培养聆听在团队沟通中的重要性，学会聆听别人的意见，增强团队之间的信任。

（3）通过人与人肢体的接触、共同解决问题的过程，打破人际"坚冰"，相互熟悉、相互信任。

（4）通过解决问题，发挥个人及团队的创造力，培养团队成员的发散性思维。

【场地器材】

要求比较平整，没有尖桩或利石的场地，面积为150~200 m^2。

【项目布置】

全体学员分组后，每组围成一个圆圈。教师指定其中一个学员说："先举起你的右手，握住对面那个人的手；再举起你的左手，握住另外一个人的手。"然后让其他学员照着第一个学员同样的方法做，直到所有学员的手彼此相握。在禁止松手的情况下，让他们寻找方法把一个错综复杂的结解开，如图 5-19 所示。

图 5-19　解手链

【项目规则】

（1）教师提示解开后可能呈现一个圆圈或两个套着的环，这两种都将视为解开成功。

（2）如果有团队实在解不开，可允许学员在教师的监督下将相邻两只手断开一次，但再次进行时必须马上封闭。

（3）用时最短的团队获得胜利。

【安全监控】

（1）手、臂部曾经有过严重外伤和不适合剧烈运动的学员可以不做此项目。

（2）学员在活动过程中手不可松开，但学员之间牵手不要过紧、过分用力，防止强行扭转。

（3）在跨越手臂时注意不要用膝盖和脚触碰到队友的头部。

【项目时间】

项目挑战时间：30 分钟。

项目分享时间：10 分钟。

项目操作总时间：约 40 分钟。

【项目观察】

（1）在听取规则时，学员有没有认真听。

（2）有没有安排安全监控人员。

（3）学员有没有积极参与练习。

（4）学员在遇到不同意见时能不能服从团队领导的管理。

（5）过程中行动是否有实效；大家有没有关注细节。

（6）有冲突时，学员之间能否正确处理。

【总结与分享】

（1）因为人时常会有思维定式现象，在开始时可能会产生不同的想法，甚至会产生冲突，所以开始时总会感觉思路很乱。

（2）往往冲突是建立在不同的利益和偏好的基础上的，所以，在小组开始沟通时冲突是难以避免的；在完成项目的过程中只要目标一致，一定程度的冲突反而使我们找到更多有利于解决问题的方法，关键是我们要掌握有效的沟通方法。

（3）当解开了某个点以后，可能我们的思路会突然变得简单和清晰，自然就有了更默契的配合。

（4）能够解决问题完成任务，离不开小组成员之间的良好沟通和精诚合作。

（5）这个项目的关键是通过合作来解决团队中的冲突。

项目2：翻树叶

【项目类型】

团队协作培训、新人融入培训。

【培训目的】

（1）在有限的资源情况下，培养队员对资源进行合理配置和充分利用资源的能力。

视频：翻树叶

（2）认识合理分工与服从组织安排的重要性。

（3）提高队员的沟通交流能力，打破队员之间的隔阂。

（4）培养全体队员的团结协作能力。

（5）培养全体队员的科学决策能力和严谨细致的做事风格。

【场地器材】

平整的场地一块，面积为150~200 m^2。模拟大树叶的喷绘布若干块，喷绘布面积大小要视站多少人来决定，一般为1~2 m^2。

【项目布置】

小组所有队员全部站在预先准备的"大树叶"上，在所有队员身体不离开"大树叶"的前提下，将"大树叶"翻成另外一面朝上，队员仍然站在"大树叶"上，如图5-20所示。

【项目规则】

（1）小组队员在教师或队友的指挥下站在提供的帆布上。

（2）在整个活动过程中，所有队员身体的任何部分都不得接触帆布以外的地方。

（3）在最短时间内完成翻树叶的队伍获得胜利。

【安全监控】

（1）提醒队员在活动前取下身上携带的危险物品。

（2）检查场地上是否有尖锐物体并清理干净。

图 5-20 翻树叶

（3）当队员被托起时，要保证被托起队员的安全，安全员要紧站在旁边随时做好保护。

（4）教师和安全员要时刻观察安全情况，及时提醒并纠正队员的危险动作。

【项目时间】

项目挑战时间：30 分钟。

项目分享时间：10 分钟。

项目操作总时间：约 40 分钟。

【项目观察】

（1）本队如何计划翻树叶的过程，实施过程中做了哪些调整。

（2）团队中有没有人主动出来担任领导进行指挥，队员是不是能够服从领导指挥。

（3）领导是否能够做到有组织、有计划地带领团队进步。

（4）本队活动中统筹安排是不是科学详细，分工是不是精细明确，是不是用摸着石头过河式的管理方式。

（5）在活动过程中，队员是不是严格遵守规则，能否注意细节。

（6）本队出现问题时，是否有埋怨等情况出现，是怎么解决困难的。

（7）队员被抬起时有没有人关注其安全。

（8）项目成功时是否给大家带来了成就感。

【总结与分享】

（1）任何能够顺利完成的项目，往往都是从任务分析开始的，团队成员在各自的岗位上紧密协作，最终才能很好地完成任务。团队中的每位队员如链条各个部件，任何一个部件损坏或停止运作，都将会导致任务的失败。

（2）当个人感觉不平衡，而此时整体处于平衡状态，如果个人调节，团队立刻会失去平衡，所以，如何调整个人与团队之间的平衡，认清楚自己在团队中存在的价值，是每个人都需要思考的问题。

（3）在工作学习中，我们需要善于利用一切可利用的资源来提高效率，让任务变得不那么复杂，如果没有很好的资源可以利用，我们是不是就抱怨呢？抱怨安排不公平，抱怨并不能帮助你解决任何问题，甚至可能会使问题变得更复杂。俗话说：办法总比困难多，没有条件，自己要学会创造条件！

项目3：盲人方阵

【项目类型】

团队协作培训、管理沟通培训。

【培训目的】

（1）感受特殊情境下通过分工协作完成任务的方式。

（2）通过特殊情境来迅速培养团队成员的沟通意识，快速提高沟通技巧及决策能力。

（3）让团队成员体会缜密的逻辑思维方式的重要性和实效性。

（4）让队员体会尽职尽责地完成本职工作对于团队的重要性。

（5）培养队员体验科学工作流程的团队思维方式。

【场地器材】

一块平整的场地，面积大约为 100 m²；绳子一根，直径为 10.5 mm，长度为 30 m；眼罩若干。

【项目布置】

团队成员全部蒙上眼睛，将一团乱麻般的绳索通过互相协作，迅速整理成一个等边三角形，所有队员平均站立在三条边上。最后将绳索放在地上，鼓掌表示本队伍完成任务，之后在教师的指挥下摘下眼罩，查看任务完成的效果，如图5-21所示。

图 5-21　盲人方阵

【项目规则】

（1）在活动过程中全部人员保持沉默，不得有语言交流。

（2）在活动过程中眼罩不得摘下。

（3）在规定时间内完成任务。

（4）在活动中任何人不得随意摘下眼罩，必须在教师发出指令的情况下摘下，否则团队将受到严厉的处罚。

（5）绳索摆放结束后团队成员以共同鼓掌的形式表示任务完成，绳索为等边三角形的形状即任务成功完成。

【安全监控】

（1）要求队员取下身上携带的如手机、钥匙等影响安全操作的物品。

（2）课前检查场地，将影响安全的尖锐凸起的物体及时清理。

（3）要求队员脚部移动时贴地慢行，谨防被绳索绊倒。

（4）安全员和教师要时刻关注安全情况，及时提醒并纠正队员的危险动作。

【项目时间】

项目挑战时间：30分钟。

项目分享时间：10分钟。

项目操作总时间：约40分钟。

【项目观察】

（1）团队有没有及时推选出领导，团队成员是否能够服从领导指挥。

（2）队内计划、安排、讨论及决策机制是否合理可行。

（3）在团队计划的实际执行中与原定计划有没有偏差。

（4）在执行计划的过程中是不是发现有预先没有考虑的问题。

（5）在执行计划的过程中发现偏差或意外时团队是否能够及时调整计划。

（6）在执行计划的过程中有没有设定结果检查核实的程序。

（7）在执行计划过程中有没有违规现象（可通过教师或安全员提示来掌握）。

（8）团队是否设定了时间管理机制，如何做到管理时间的。

【总结与分享】

（1）决定团队工作效率的影响因素之一就是在策划过程中团队成员之间的沟通能不能做到细致、有效。只有细致和有效的沟通，才会让团队的策划尽可能接近完美，这样才能使团队具有更接近目标的可能。

（2）沟通的关键是能否聆听队友的意见而不急于向别人发表自己的观点，要关注队友的需求。往往因为人们以自我为中心，只坚信自己是正确的，而不懂得换位思考，没有站在队友的立场去考虑问题，就会产生矛盾和冲突。倾听队友的发言能让我们充分理解队友，然后也被队友理解。各持己见虽好，但是不遵循一定规则，终将成为团队解决问题的最大障碍。

（3）临时组建团队后，顺利完成团队任务的重要保障，就是选出一位好的领导形成团队的凝聚力。领导的职责是确定目标和方向，及时有效地进行激励，带领全队成员去完成任务。领导充分信任队员，同时自己也要保持清醒的大脑，分工授权明确，不能单打独斗，这样的团队才能发展壮大。

（4）借助团体合作与思考达到解决问题的目的，每个队员在团体中都应该有相应的作用，如果一个队员在团队中无事可做，说明这个队员在团队没有存在的价值，根据"青蛙理论"终将会被淘汰。

项目4：盲人排队

【项目类型】

团队协作培训、有效沟通培训、执行力培训。

【培训目的】

（1）感受非常状态下通过分工协作完成任务的方式。

（2）让团队成员体会到缜密的逻辑思维方式的重要性和实效性。

（3）体会倾听、选择与判断的重要性。

（4）加强应对危机的能力及对意外事件的预见性。

（5）体会做好本职工作及兼顾其他工作处理方法和对自己的影响。

（6）体会与他人之间相互关心、相互帮助的重要性。

（7）培养团队成员在处理问题时的细致及结果导向的思维习惯。

【场地器材】

一片约为 200 m² 场地，要求地面没有尖桩、利石，但可有少量障碍物，障碍物不会危及生命；清洁干净的眼罩若干只；带有数字的号码贴，不干胶黏性不能太强。

【项目布置】

所有带有编号的队员跳伞空降在敌后茂密的山林中，他们的任务就是列队集合，要求是按照平时军训的方式。从降落到列队过程中队员不允许讲话，由于环境恶劣，伸手不见五指，周围漆黑一片。队员首先需要找到自己的队伍集合，然后按照自己的编号排列成由大到小的队列，所有队员集体行军礼表示完成任务，如图5-22所示。

【项目规则】

（1）在整个活动中队员保持"盲人"状态，不允许摘下眼罩。

（2）在列队的过程中不能讲话。

（3）当队员在碰触其他队员时双手高举过肩，首先接触的部位应是肩部或头部。

（4）列队完成后用集体敬礼的方式来表示完成任务，等教师宣布活动结束时摘下眼罩。

（5）如果一名队员站错位置，此队员的前一名队员和后一名队员都要接受惩罚。

【安全监控】

（1）活动开始前教师检查场地和周边是否有尖锐物体，确保没有存在安全隐患的物体。

图 5-22 盲人排队

（2）队员在寻找队伍的过程中，双手应该向前平举，以便探触阻碍物体，自我保护。

（3）队员在前行过程中脚部采用擦地平走的方式，避免绊倒。

（4）队员要有自我保护意识，采用缓慢行走速度。

（5）在前进的过程中接触队员身体时赶紧高举双手从头开始，以免碰触到同伴的眼睛。

【项目时间】

项目挑战时间：30 分钟。

项目分享时间：10 分钟。

项目操作总时间：约 40 分钟。

【项目观察】

（1）活动前团队有无策划的过程，有无检查确认程序的安排。

（2）队员能否发表自己的意见，大家是否能够认真聆听。

（3）团队中有没有人主动出来担任领导，确认操作方式的程序。

（4）在具体实施时队员是不是严格按照事先的计划行动。

（5）在活动的过程中出现干扰，队员的反应如何，又是如何处理的。

【总结与分享】

（1）这个活动的难度系数有点大，主要的难点是不可以用语言来交流，还蒙着眼睛，这也大大增加了沟通的难度，也使团队体验学习了特殊情境状态下的沟通技巧。

（2）通过一个人站错位置，而他前后的人都会受罚，能让队员们充分理解不能只做好本职工作，还需要关注影响整体结果的其他人、其他事情，通过这个方法来培养队员的主动意识。

（3）本项目可以很好地拉近团队成员之间的关系，迅速提升彼此的熟悉程度，培养团结合作的意识和精神。

（4）沟通是双向性的，沟通只有有了反馈，才是有效的沟通；如果沟通只是单项的，没有反馈，就是无效沟通。

项目5：穿越电网

【项目类型】

融入培训、团队协作培训、时间管理培训、执行力培训。

【培训目的】

（1）营造团队成员之间的相互信任、相互协作的氛围。

（2）强化面对困难时的团队意识、互帮互助的精神。

（3）培养队员有大局意识，遇事学会采用换位思考的思维方式。

（4）培养团队成员认识群体的作用，在遇到问题时具有全面、系统的思考能力、团队决策能力。

（5）培养队员在活动中能够具有相互沟通的意识，增强交流配合、克服沟通障碍的能力。

（6）培养队员在解决问题时能够做好分工协作、合理分配人力资源的能力。

【场地器材】

布置好的电网一副，标志夹20个。平整的场地一片，要求地面平整，没有尖桩、利石，面积大约为150 m^2。电网要求适合团队成员人数及体型特征，尽量避免都是圆形并大小统一的网孔，尽量用不规则的网孔。电网孔数量至少要比参与队员的人数多一个。

【项目布置】

团队成员被敌人关押准备越狱，可是唯一的一条出路却被一张巨大的电网封锁。团队成员为了逃生只能从电网的缝隙中钻出去，网与洞口之间没有空隙。所有队员要在规定的时间内相互协助，从电网网孔中共同穿越，最终达到逃生的目的，如图5-23所示。

图5-23　穿越电网

【项目规则】

（1）越狱的唯一通道就是电网的网孔，需要在规定的时间内通过。

（2）电网的网孔每个孔只能通过一个人，此人通过后即会自动封闭。

（3）穿越电网时所有队员的身体任何部位都不能触网，如触网立即返回原地，所有队员立刻接受惩罚。

（4）没有人到达电网的另一边时，队员不能绕过电网去协助，当有队员通过电网后，可以在对面相互协助。

（5）禁止贸然尝试蹿跃通过电网的动作。

（6）如果有队员在规定时间内没有逃生成功，整个团队视为任务失败。

【安全监控】

（1）提醒队员取出身上携带的危险物品，消除安全隐患。

（2）课前和活动开始前检查场地是否安全，检查确认绳网牢固性和可靠性。

（3）安全员应时刻站在被托起的队员附近注意保护，直到确认队员安全着地。

（4）对队员不规范、有安全隐患的动作及时予以制止，如贸然尝试蹿跃过网的动作。

（5）教师和安全员要时刻观察团队安全，及时提醒并纠正队员的危险动作。

【项目时间】

项目挑战时间：30 分钟。

项目分享时间：10 分钟。

项目操作总时间：约 40 分钟。

【项目观察】

（1）团队是否做到有计划、有谋略，有没有及时选出领导。

（2）团队成员是否服从自己选出的领导的指挥。

（3）领导有没有带领自己的团队，有计划、有步骤地推进任务。

（4）是不是每个队员都在积极地参与活动。

（5）团队的分工做得怎样，是否合理，是否很细致。

（6）安全监控人员有没有认真负责的态度，有没有起到保护作用。

（7）团队在管理方面是不是严谨。

（8）在活动过程中遭遇失败时有没有互相埋怨的现象发生。

（9）当自己被抬起来时感觉如何。

（10）活动项目成功后给大家带来的感觉如何。

【总结与分享】

（1）在项目中对时间、体力、身体条件、智慧、网孔等资源，进行合理的统筹规划，达到物尽其用、人尽其才、各司其职的效果，才能有效地达到团队及个人的双重目标。

（2）个人目标可以在团队中存在，如果自我目标和团队目标有冲突，还是应该服从团队的目标，在工作中拥有顾全大局的观念才是一个人快速成长的基础。

（3）一个决策在有限资源和时间的情况下有可能不是最好的，但在实际工作中，我们经常要求的是最优决策和满意决策，所以，在工作过程中要不断地修正和完善。

（4）这个项目领导的作用尤为明显，他不仅要积极地投入，还要思考全局，不但需要倾听队员提出的意见，还需要有自己的主见和果断判断力。这是团队或管理下属时也应该具备的素质，只有具备这样的素质才能真正起到领导的作用。

（5）沟通的前提是信任，信任的基础是合作。团队成员之间只有相互协调、相互信任才能实现共同的目标，在事业上才能取得成功。

（6）穿越电网项目由于具有时间的紧迫性，所以要求迅速完成，通过项目的体验我们要感悟在实际生活和工作中，要学会从大量的信息中在短时间内抽取有效的信息，然后冷静地思考和分析。

（7）关注细节，细节决定成败。确定了正确的目标和方向之后要尽量关注细节，提高实际效率。

（8）在日常生活和学习中不要为失败找借口，要为成功找方法，先建立结果导向的思维方式，这样有助于明了自己的行为价值。

项目6：授权方式

【项目类型】

融入培训、团队协作培训、管理沟通培训、执行力培训。

【培训目的】

（1）让队员体验作为一名主管的工作，如何更好地分派工作，达到预期的目的。

（2）引发队员对领导授权方式哪些地方做得比较合理或需要改进进行深入思考。

（3）体会工作中有效沟通的重要性。

（4）在体验中学会时间管理，强化、提升执行力。

（5）培养团队成员处理问题时关注细节及结果导向的思维习惯。

【场地器材】

一块平整的场地，面积大约为150 m²；绳索，直径大约为10 mm、长为20 m；眼罩。

【项目布置】

从团队中选出总经理、部门经理、总经理秘书、部门经理秘书四个人，其他队员担任操作人员。操作人员处于"盲人"的状态。在部门经理的亲自指导下，在规定时间内，将绳索做成等边三角形放置于地面上，在操作过程中操作人员不能讲话，如图5-24所示。

【项目规则】

（1）团队中自行推选出总经理、总经理秘书、部门经理和部门经理秘书各一名，其余的队员为操作人员。

（2）教师把总经理和总经理秘书带到队员看不见的地方，向他们讲解项目规则。

（3）总经理秘书给部门经理传达任务，任务就是要求操作人员戴着眼罩，将一根20 m长的绳子围成一个等边三角形。

图 5-24 授权方式

（4）在整个过程中总经理不可以直接指挥，必须通过秘书传达指令给部门经理，由部门经理直接指挥操作人员完成任务。

（5）部门经理如有不明白的地方可以通过自己的秘书传达给总经理秘书再上报给总经理。

（6）在指挥的过程中部门经理要与操作人员间隔 5 m。

（7）当任务完成后让总经理检查。

【安全监控】

（1）提醒操作队员取下身上危险的物品，消除隐患，确保安全。

（2）课前和活动开始前检查场地及周边环境的安全性。

（3）操作人员行走时采用脚部贴地慢行的方式，以防止摔倒。

（4）当操作人员戴上眼罩后，不允许蹲坐在地上和背着手行走。

（5）提醒队员不可移动到危险的地带。

【项目时间】

项目挑战时间：30 分钟。

项目分享时间：10 分钟。

项目操作总时间：约 40 分钟。

【项目观察】

（1）团队的总经理和部门经理之间的沟通有没有按照规则进行。

（2）部门经理和操作人员之间的单向沟通是否有效。

（3）总经理和部门经理在沟通过程中是否顺畅。

（4）秘书在传达双方的意见时有没有加入个人的理解，还是按照原话传达的。

（5）操作人员有无进行主动沟通来确认理解对错。

【总结与分享】

（1）在执行任务的过程中，为了任务的顺利完成，部门经理应该积极地参与活动来发现问题并及时进行处理，如果领导都远离一线，问题不能及时发现或问题不能得到及时处理，将会给团队带来很大的损失。

（2）总经理任务传达到位，部门经理就应该像士兵罗恩一样，想尽办法把信送给加西亚。要发挥自己的主观能动性、创造性，千万不能什么事情都向领导请示。

（3）为了避免信息传递过程的失真，部门经理和总经理应该直接沟通。

（4）部门经理在指挥时，语言要简单、清晰明了，在传达时要注重双向沟通，确保团队成员都能理解，以防出现理解的偏差和错误。

（5）为达成目标，操作人员应该认真聆听部门经理的指挥和安排，如果有疑问或不明白的地方，应该及时反馈，谨防出现结果上的偏差。能力强又主动的员工将会给团队带来巨大的财富，应该予以重视和重用。

项目7：狭路相逢

【项目类型】

团队协作培训、创造性培训。

【培训目的】

（1）营造团队成员之间相互信任、相互协作的氛围。

（2）强化面对困难时的团队意识、互帮互助的精神。

（3）培养队员有大局意识，遇事学会采用换位思考的思维方式。

（4）体会团队在合作中有效沟通带来的成果。

【场地器材】

地垫、空旷开阔的场地。

【项目布置】

将地垫呈一字形铺在地上，每人一个地垫并站在地垫上，空出中间一个地垫不站人；队员分成两边相对站立，通过中间的地垫进行移动，移动时只能前进一格或跳一格，不可以后退，最终要完成两边人的互换，并且大家还保持原来的方向，如图5-25所示。

【项目规则】

（1）在场地上摆放15个地垫呈一条直线，每个地垫以能站一人为标准。

（2）安排7个队员站在左边的7个地垫上，余下的7个队员站在右边的7个地垫上，中间留一个地垫。

（3）前进时只能向前走一步，不能跨越同方向的队友，但遇到相反方向的队员时可以跳越一步，只能前进不能后退。

（4）要求以最少的步数及最短的时间将左右两方的队员对调。

图 5-25 狭路相逢

（5）前进时只可向前一步或向前越过一人跨出一步。

（6）当有人知道答案时，要求所有人都知道答案。

【安全监控】

（1）活动中要严格按照项目规则进行。

（2）关注好双方情绪的变化，情绪太激动可提前结束项目。

（3）在活动中要重点关注移动队员，避免造成伤害，提醒队员手和脚的保护。

（4）裁判、教师要公平公正。

【项目时间】

项目挑战时间：30 分钟。

项目分享时间：10 分钟。

项目操作总时间：约 40 分钟。

【项目观察】

（1）选出的领导者表现如何，是否具有领导性。

（2）行动前有没有先进行计划、讨论，队员之间的意见是否达成一致。

（3）团队有没有充分利用资源，在行动中有没有注意细节的问题。

（4）团队遇到困难时，双方队员的情绪如何。

（5）观察双方队员的交流协作和解决问题的能力。

【总结与分享】

（1）避免因标准的不统一而造成队员的混乱、延误时间等。

（2）工作时，首先要制订行动方案，注重细节管理，正确分析资源，有效利用资源，思考要有前瞻性，不管多么完美的方案，只要不谨慎，一切只能重新开始。

（3）在个人利益与团队利益面前，以团队利益为重，勇于为团队奉献，放弃个人的英雄主义，培养队员的集体荣誉感，当团队中出现反对声音时，要权衡利弊、顾全大局。

（4）团队领导者要培养队员的创新意识，避免"熟练工"对团队造成的负面影响。

（5）在小团队中，因为人少，要执行一项任务或许很容易；但在一个大的团队中，团队行动方案的制订及实施、成员积极性和完成任务的态度都将影响任务的最终执行。这时就需要领导者发挥核心作用。

（6）每个队员做好本职工作的同时，还应具备积极上进的态度，在工作中开拓创新，增强沟通、协调、组织、管理能力的培养，团队中每个人的角色都有可能变化，每个人都有成为团队领导的可能。

项目8：过沼泽

【项目类型】

团队协作培训、交流沟通培训。

【培训目的】

（1）培养团队成员认识群体的作用，在遇到问题时具有全面、系统的思考能力、团队决策能力。

（2）培养团队成员在活动中能够具有相互沟通的意识，增强交流配合、克服沟通障碍的能力。

（3）培养团队成员在解决问题时能够做好分工协作、合理分配人力资源的能力。

【场地器材】

一块平整的场地，面积大约为 100 m^2；3个油桶、2块木板项目开始之前就应将场地布置好。

【项目布置】

团队成员利用3个油桶和2块木板，在脚不能落地、板不能掉地上、桶不可以放倒的情况下，在规定的时间内通过20 m沼泽地，如图5-26所示。

【项目规则】

（1）将木板架在油桶上，团队成员全部站在木板上。

（2）通过队内协商讨论移动木板和油桶从起点至终点。

（3）在移动过程中油桶不能放倒或滚动；木板和队员的身体任何部位均不可以触碰地面。

（4）队员和木板全部过终点即成功。

【安全监控】

（1）课前和项目开始之前检查木板及油桶的牢固性，确保安全。

（2）在开始之前教师强调项目的注意事项。

图 5-26　过沼泽

（3）队员应听从指挥统一行动，避免由于个人的随意性造成其他队员从油桶上摔倒下来。

【项目时间】

项目准备时间：5 分钟。

项目挑战时间：10 分钟。

项目分享时间：15 分钟。

项目操作总时间：约 30 分钟。

【项目观察】

（1）有没有安排安全监控人员，安全人员的监督是否做到负责任。

（2）队员之间是否出现过埋怨情况。

（3）当自己体验过后，再观看后面队员通过的策略时，是否有自己的想法。

（4）大家积极参与的程度。

【总结与分享】

（1）团体项目中活动之前策略和计划的制订及人员分工的规划是至关重要的，如果没有预期的规划，不但影响成功的概率，还会影响项目完成的质量和效率。

（2）这个项目成功的关键在于团体的合作，所以要始终保持集体的观念，在整个过程中不应急于求成。

（3）这个项目体现了安全监督的重要性，良好的安全监督能够提高通过的效率。

（4）这个项目体现了互帮互助、谋求共赢的理念。前者通过一个油桶时，不能只顾自己，一定要为后面的队员继续搭建木板，时时刻刻保持团队意识。

（5）队长在此项目中具有重要的作用，不但自己要参与其中，还要带领全队有策略、有序地依次通过。

项目9：空中单杠

【项目类型】

个人突破培训、团队协作培训。

【培训目的】

（1）培养学生不计个人得失、挑战自我、克服心理障碍、增强自我控制的能力，建立和培养自信心。

（2）让学生体会成功与失败的真正意义。

（3）考验学生面对机会是否能勇于出击。

（4）培养学生用积极的心态去争取和获得机会。

（5）鼓励学生发现自己的潜能。

（6）通过相互鼓励、相互保护，体验队员之间相互信任、相互帮助的团队精神。

【场地器材】

10.5 mm 主保护绳 2 条，安全锁 8 枚、40 cm 绳套 4 条、下降器 2 枚、安全带 5 条、安全帽 3 顶、手套 4 双。

【项目布置】

每位学生独自爬上一个 9 m 高的高台，并在直径为 25 cm 的圆盘上站立，从圆盘上奋力跃出，抓住横在空中的单杠，如图 5-27 所示。

图 5-27　空中单杠

【项目规则】

（1）热身项目：电波传递。在空中单杠的挑战中，许多学生看到高空的设施会不自主地紧张，将项目视为纯粹的自我挑战，忽视团队的力量和帮助，热身项目有助于学生放松，电波传递项目能在空中单杠项目开始前让大家感受到团队的和谐和力量。

（2）热身完毕后，在进行空中单杠项目前，可先进行项目的情境设置。

团队在成功救出大楼火灾受困人员后，因火势太大，消防人员聚集到了大楼楼顶准备撤退。由于时间紧、任务急，总部派直升机前来接应，但因地势陡峭，直升机无法降落。官兵只有攀上制高点，腾空跃起，抓住直升机软梯，方可安全离开。此项目模拟当时的情境要求学生爬到器械立柱最高端圆盘上，等到在立柱上能较好地保持平稳时再飞跃出去抓住上方的单杠，最后在保护队员的保护下回到地面。空中单杠很多时候作为高空类拓展的第一个项目，很多学生因为紧张，都会将注意力放在空中的器械上，教师应利用热身游戏后短暂休息的时间进行项目规则介绍，并提示学生集中精力。

（3）教师在项目开始前，务必确认以下事项：所有学生摘下随身硬物；学生身体状况良好，无近期手术、心脑血管疾病、习惯性脱臼等情况。

（4）教师讲解坐式安全带和胸式安全带的使用方法及不同点，介绍安全锁、8字环、头盔等安全设施的使用。在所有学生操作之前，必须系好安全带、戴头盔，并由专人负责检查。除指定两名学生做主要保护工作和预备工作外，其余学生都要时刻准备参与保护。

（5）学生穿戴好安全装备后，在每位学生爬上圆盘之前，队友要认真地按照要求给予他鼓励，即大家环绕成圆形，单手搭在一起，齐声大喊队员名字及队训以示鼓励。学生自己努力爬上立柱顶端的圆盘，并站立。在攀爬过程中，教师要密切注意保险绳应位于学生背后，防止保险绳缠绕在学生身上。

（6）教师首先应要求所有学生体验恐惧感，并按照要求进行相应的心理系统训练，待调整好自己的情绪后才能起跳。学生站稳后双手伸开平举，每个人在起跳前大声地向下面保护学生进行确认："准备好了吗？"当保护学生听到询问时，要齐声地回答："准备好了！"被保护学生大声喊出："1、2、3"，喊到"3"时起跳。学生在空中注意安全，不要撞到桩杆或圆盘上，任务完成后松开双手，在保护绳的保护下慢慢回到地面。

【安全监控】

（1）学生如有严重外伤病史、心脑血管疾病、精神疾病、慢性病及并发症或医生建议不适合做此类项目的，可以不做。

（2）所有学生摘去随身硬物，学会安全护具的使用和穿戴。

（3）项目中必须用两根直径不小于10 mm的动力绳同时保护，每组保护各不少于3人；用尼龙绳扣将学生背后两根保护绳包裹在一起。

（4）学生穿戴好安全护具后必须由学生自己、队友、教师进行检查，摘、挂安全锁、8字环等关键安全部件必须由教师亲自操作，杜绝学生自己摘、挂。教师要亲自将登山绳与8字环正确相连，然后用铁锁将8字环与学生身上穿的半身式安全带腹前的主保护环相连。

（5）被保护学生在一切准备就绪并得到教师的允许后，方可攀爬器械，攀爬时速度要适中，不可过快，要保证做保护工作学生收绳时的速度能跟上自己攀爬的速度。当爬到圆盘上后，先站在立柱上，努力调整好自己的状态，然后缓慢向前移动，此过程中注意保持身体平衡，并应注意将前脚掌探出圆盘，防止飞跃时打滑。当学生跃出时教师应告诉保护学生要及时收绳，以免被保护学生冲坠过猛。

（6）被保护学生听教师或做保护工作学生的指挥，听到"可以放手"的口令后，放开双手。下降时可以双手侧平举或轻扣住安全带的肩带。教师要通观全局，出现不合理动作要及时提醒或叫停，学生下降时，教师要主动接应。

（7）教师应提醒学生不要抓保护绳索及主锁；学生严禁脚踩安全绳，不得将锁具摔落在硬地上。

（8）合理设置两个保护点的位置，最好前后两点独立受力，不至于学生摆到柱子上，学生松手时绳与上方保护点呈三角形。

（9）上方保护点必须用两根扁带和两套锁具，将原始绳头的一端用于打结。

【项目时间】

项目挑战时间：60分钟。

项目分享时间：30分钟。

项目操作总时间：约90分钟。

【项目观察】

（1）教师在讲解项目要求时应语言精练、重点突出、讲解清楚，及时回答学生的疑问，确保学生了解项目要求。

（2）热身项目：电波传递实施过程如下：

①所有学生手拉手站成一圆圈。

②教师随机抽选一位学生，让其左手捏左边同伴的右手，如感受到了队友传递过来的捏手信号，这个信号称为"电波"。教师告诉大家收到"电波"后要迅速将电波传递给下一个队友，也就是要快速地捏下一位队友的手。这样一直继续下去，直到"电波"返回起点。

③教师告诉学生将用秒表记录"电波"跑一圈所需要的时间。然后大喊："游戏开始！"，并开始计时。

④教师告诉学生"电波"传递一圈所用的时间，鼓励学生，然后让学生重新再做一次电波传递，希望这次传递能更快一些。教师让学生重复做几次电波传递，记录下每次"电波"传递所使用的时间。

⑤待大家都熟练之后，教师变更"电波"的传递方向，使"电波"由原来的沿顺时针方向传递变为沿逆时针方向传递。

⑥"电波"沿着新方向被传递几次之后，教师再一次让学生逆转"电波"的方向，同时，让学生闭上眼睛或背向圆心站立。

⑦在游戏快要结束时，为了使游戏更加有趣，教师悄悄告诉第一个人同时向两个方向传递"电波"，而且不要声张，再看看这样会带来什么有趣的效果。

（3）教师应鼓励所有的学生参加挑战，对于榜样要及时鼓励并引导其他学生效仿。

（4）教师应提示学生互相帮助，确保护具穿戴安全。

（5）教师应利用心理学的"层递效应"等辅导方式给予学生适时、正确的辅导。

（6）教师应按照轮流挑战顺序的统筹对团队完成任务的影响分析做合理提示，鼓励全体队员创造团队高绩效。

（7）教师应对所有学生顺利完成任务给予鼓励，并在需要"介入式引导"的学生完成任务后适时引导；对心理压力较大或恐惧者多做正向鼓励；对哭泣或因挑战时间长而内疚者多做心理安慰。

（8）教师应密切注意参加保护的学生的器械状况及其保护动作的规范性。

（9）教师应观察并简单记录每位学生的表现，便于回顾总结。

（10）教师应合理使用不同风格的语言进行指导，保持学生的挑战积极性。

（11）教师应暗示或帮助队长，用合理的方式带动团队学生保持激情，让学生之间相互指导、加油、帮助等。拓展教师偶尔做些关键指导，主要关注学生表现和安全细节，调整与判断学生挑战的单杠距离等。

【总结与分享】

教师应对完成挑战项目的学生给予鼓励，并鼓励每个人都讲讲自己的感受，完成不够出色的也要说说，可以联系生活。教师可以引导学生分享以下问题：

（1）开始接到任务时心理感觉如何？

当站在 7 m 的高空时，才会发现环境的改变给心理造成了恐惧，如何战胜恐惧、迎接挑战将是每位学生面对的问题。当面对机遇与挑战时，我们是否有勇气放弃舒适的环境与生活，去迎接未知的情境。

（2）爬到圆盘上站立起来和准备起跳时有什么感受？当你迈出了第一步，也许不会成功，但如果你止步不前，等待你的只有失败。

（3）为什么站在 7 m 的高空，会恐惧，难道是我们的能力不足？

面对悬空的踏板、摇摆的横杆，从颤抖恐慌到镇定沉着，再到最后的鼓足勇气一跃而起，这个过程只有 5 分钟，但却完成了现实生活中几个月甚至几年都无法战胜的困难和超越自我的心路历程。

（4）站在立柱上准备起跳前，有没有给自己设立目标？

（5）是什么力量促使你完成了任务？

（6）抓住单杠的那一瞬间有什么感受？

（7）有没有担心完不成挑战会被队友取笑？

（8）项目开始前和完成后的心态有什么不同？

（9）在现实工作中我们是否能抓住成功的机会？

（10）项目中的启示对学习和生活有哪些帮助？

单杠，在我们面前晃来晃去，就像我们的生活、工作、学习，每天都充满挑战，每一天都面临选择，只有抓住机会，才有可能成功。要勇于尝试，才华像一把伞，只有撑开才有用。一定要抓住机会，充分展示自己的才能。抓住转瞬即逝的机会，生活中的单杠不会总在你面前晃悠。

四、诚信待人篇

🔊 故事索引

以信任获得被信任

在一个小镇上,有一个出名的地痞,除酗酒闹事外,整日游手好闲,无所事事。亲戚朋友,更别说那些被他敲诈过的人,见到他都唯恐躲避不及。

一天,他酗酒后失手打死了上门讨债的债主,被判刑入狱。入狱后的地痞幡然悔悟,为自己对他人造成的伤害深感懊悔,他决定重新做人。在一次成功地协助监狱制止犯人集体越狱之后,作为奖励,监狱决定给他减刑。

从监狱回来以后,他回到小镇上重新做人。他先是找地方打工赚钱,可是没有哪个老板愿意给他机会。穷困潦倒的他又来到亲朋好友家借钱,可亲戚朋友们同样不信任他这个曾经的杀人犯。他那一点刚刚树立起来要重新做人的决心,又开始滑向罪恶的边缘。这个时候,镇长给他送去了100美元,让他能够暂时维持生活。地痞接过钱,平静地看了镇长一眼后,便消失在镇口的小路上。过了几年,他从外地回来。此时,他已经是腰缠万贯的富翁了,身边还有一位漂亮的妻子。原来,他正是靠镇长送给他的100美元起家,努力奋斗,才有了现在的财富与家庭。

他来到镇长家,恭恭敬敬地捧上1 000美元,说道:"谢谢您。"

"镇长,您当初为什么相信他日后能够还上100美元,他当时可是出了名的借债不还的地痞啊。"人们费解地问镇长。

镇长笑了笑,说:"我那样做,只是为了让他感受到社会和生活并没有冷酷地遗弃他,希望他真的能够重新做人。"就这样,镇长的信任拯救了一个即将走向社会边缘的人。

项目1:信任背摔

【项目类型】

个人突破培训、团队协作培训、心理辅助培训。

【培训目的】

(1)培养团队成员之间的相互信任和成员对他人负责的态度。

(2)增强学员克服心理恐惧、挑战自我的勇气。

(3)切身体会个人与团队的关系。

(4)培养学员站在不同的立场思考问题,从而培养换位思考的意识。

视频:信任背摔

【场地器材】

一块平整的场地，面积大约为 100 m²；1.7 m 左右高的背摔台。

【项目布置】

信任背摔是拓展训练中最为经典的项目之一。这也是一个高风险的项目。一名挑战自我的队员站在 1.5~1.8 m 的背摔台上面，背对其他队员，高声询问："准备好了没有？"下面队员齐声应答："准备好了！"接着齐声询问上面接受挑战队友："有没有信心？"队友充满信心大声回答："有！"之后接人队员齐声数"one、two、three"；上面队员挺直腰背向后义无反顾地倒下，接人的队员齐心用双手组成接人的网垫接着挑战的队员。背摔台较高，则采用双手掌心向上搭肩的方式，背摔台较低，则采用双手搭井字方式，如图 5-28 所示。

图 5-28　信任背摔

【项目规则】

（1）挑战者双手外旋交叉十指相扣内旋，两臂前举，然后紧紧地靠向身体，脚后跟少许超出台面，两脚并拢，脚尖相靠，膝关节绷直，臀肌收紧，下颌微收略含胸，平直倒下。

（2）保护者要时刻关注挑战者，手臂和大腿各组成一层保护网，头后仰。

（3）活动开始前身上的手机、钥匙等物品一律取下。

【安全监控】

（1）安全员要做好防止背摔队员向后的窜跃或垂直向下跳的保护工作。

（2）提醒每个队员取出口袋子里的物品，严禁队员身上携带坚硬物品。

（3）背摔人员个子如果太高，台下队员要根据身高情况合理站位。

（4）在挑战的过程中，任何时刻防护人员都不可以撒手、撤退或鼓掌。

（5）当挑战队员倒下来后，防护人员要先将挑战队员的脚放下着地后，再将身体扶正。

（6）在承接几轮挑战队友背摔后，建议防护人员调整前后站位，以免身体疲劳。

【项目时间】

项目挑战时间：25分钟。

项目分享时间：10分钟。

项目操作总时间：约35分钟。

【项目观察】

（1）队员是否能克服自己的恐惧心理，充分信任自己的团队。

（2）全体成员能否克服心理障碍，是否能够全部完成任务。

（3）团队怎样帮助队员树立自信，提升勇气。

（4）在活动中统筹安排是不是详细科学，分工是不是精细到个人。

（5）队员有没有做到把自己交给团队，完成任务后的状态如何。

（6）在活动过程中安全工作有没有做到位。

（7）如果有队员克服不了心里的恐惧，拒绝完成任务时是如何处理的。

（8）项目完成后全体成员有没有增强对团队的信任感。

【总结与分享】

（1）团队的信念可以帮助队员面对困难时树立自信心和勇气，让队员勇于挑战，克服困难，突破自我。

（2）建立团队成员之间的信任，理解同伴承诺的重要性，增强自信心，勇于挑战自我极限，在挑战的过程中学会如何提高自我的控制能力。

（3）加强面对强压的勇气和竞争的挑战信心，解决在竞争中的压力和恐惧。

（4）学习如何在竞争中保持良好的竞技状态，排除一切杂念，关注处理事情的思维方式。

（5）深刻认识到建立一切关系的基础是信任，人们无论是交友还是共事，信任是来自对他人的品质和能力的肯定。

（6）扮演不同的角色时，面临不同的压力和责任要学会换位思考。

（7）项目中队员们都要按照规定的要求去完成任务，以团队利益最大化牺牲小我利益，需要较高的思想觉悟和态度的认识。如果每个人都想轻松自在、安全地去完成任务，那么对于团队的伤害是无限的。如果团队中的每个人都只想着保护好自己，而没有顾全大局的理念，那么这个团队终将无法走向成功。

项目2：神笔马良

【项目类型】

新人融入培训、团队协作培训。

【培训目的】

（1）通过团队的沟通，队员齐心协力，有效组织，通力合作，完成统一风格的作品，提高创新能力。

（2）培养团队成员充分利用资源及对资源的配置能力，最终创

视频：神笔马良

作精品成果。

（3）通过活动使团队成员认识合理分工与服从组织安排的重要性。

（4）培养团队严谨细致的工作作风和科学决策的能力。

（5）强化合理节约时间，在体验中提高执行力。

【场地器材】

4张A4纸、4支笔、一块平整的场地，面积大约为100 m^2。

【项目布置】

所有学生拉绳子的末端，在不接触毛笔的情况下，按照要求完成制订的任务，最快完成任务的团队为获胜方，如图5-29所示。

【项目规则】

（1）在规定时间内完成任务。

（2）被托起的队员必须平躺，双手举过头顶，且双手握笔。

图5-29　神笔马良

（3）被托起的队员不可自己移动双手。

（4）手持白纸于胸前的队员的手和身体均不能移动。

（5）一旦违规，则立刻停止活动接受规定的惩罚（俯卧撑）。

【安全监控】

（1）要求队员摘除身上携带的影响安全操作的硬物；

（2）检查和清除地面和周围不安全因素的物品；

（3）队员被托起后，为保证队员的安全，不允许抛起或松手，只能在确认队员安全着地时才能放手；

（4）安全员和教师要时刻观察安全情况，及时制止并纠正队员的危险动作。

【项目时间】

项目挑战时间：30分钟。

项目分享时间：30分钟。

项目操作总时间：约60分钟。

【项目观察】

（1）是怎样讨论产生的创意结果。

（2）队员是怎样分工的。

（3）队员有没有积极参与团队行动。

（4）有没有安排负责安全的队员。

（5）本队出现问题时，是否有埋怨等情况出现，是怎么解决的。

（6）当项目成功后，大家的反应如何，是否带来了成就感。

【总结与分享】

（1）团队成员可利用的资源是纸笔、时间、身体、智慧，那么如何合理分配、利用这些资源？面对有限和稀缺的资源，要进行合理有效的配置，使得物尽其用、人尽其才，这样更有利于达到组织和个人的目标。

（2）个人预期的工作定位和团队的需要有冲突时，应该服从团队的安排，在工作中有顾全大局的观念才能使个人快速成长。

（3）团队领导的风格不能一成不变，根据实际需要可以变化。在训练过程中队长不但要倾听每位成员的意见，还必须有自己的主见。

（4）合作的基础是信任，信任对于团队与团队成员共同成长尤为重要。为了共同目标，个人在绝对服从团队目标的前提下与团队成员共同合作，努力拼搏方能有达成团队目标的可能，个人也因此在这个过程中得到成长。

（5）关注细节，细节决定成败，尽可能地减少不必要因素造成的任务失败。

项目3：飞夺泸定桥

【项目类型】

创意思维培训、团队协作培训。

【培训目的】

（1）共同克服困难，体会不抛弃、不放弃的信念，增进队员之间的友谊。

（2）培养团队成员的协作意识和顺利完成任务的技巧。

（3）培养队员做事情的责任意识和执行力。

【场地器材】

一块用来模拟大渡河的平整场地，长度约为50 m。

【项目布置】

团队需要渡过没有桥的大渡河，队伍中有老弱病残，身体原因他们过河时不能接触冰冷的河水，为使他们顺利过河，现在身强力壮的队员决定排列成横队，用两人的双手搭建成"井"字,通过"井"字连接成一座"泸定桥",让部分不能触水的代表老弱病残的队员从泸定桥上通过。代表老弱病残的队员在队友搭建而成的"泸定桥"上匍匐前进,在代表老弱病残的队员通过后搭建桥梁的队员滚动到队伍前方继续搭建桥梁。依次类推,直到全部队员滚动行走到达规定的终点,如图 5-30 所示。

图 5-30　飞夺泸定桥

【项目规则】

(1)团队的准备时间、计划和练习时间为 25 分钟。

(2)规定队员 5 分钟内全部通过"泸定桥"。

(3)在渡河过程中,过桥队员不准掉落接触"水面",所以必须保证桥面不能松散,桥上队员如果有身体部位接触地面,那么回到起点重新开始挑战。

(4)团队成员全部通过终点线为任务完成。

【安全监控】

(1)要求队员取出身上携带的危险物品。

(2)课前及活动前检查场地及周边有无尖锐物体,确保安全。

(3)保证被托起队员的安全,安全员负责时刻站在被托起的队员附近保护,直至确认队员安全着地。

(4)提醒桥上队员行动时不要碰撞队友头部,不能踩踏队友的臂部骨头。

(5)教师提醒安全员跟随被托起队员移动,以确保队员掉落时能及时予以保护。

【项目时间】

项目挑战时间:30 分钟。

项目分享时间:20 分钟。

项目操作总时间：约 50 分钟。

【项目观察】

（1）团队保证传递队员顺畅是否找到合适的方式。

（2）团队在传递前为确保比赛时不出现错误有没有先进行演练。

（3）作为"桥梁"的形态和队员攀登时的心态有何变化。

（4）团队活动中统筹安排是否得当，分工是否精细。

（5）在活动过程中安全员是否以认真负责的态度执行自己的职责。

（6）团队在时间管理方面做得怎样。

【总结与分享】

（1）强调责任的概念，责任是社会人对自己、对他人、对团队、对国家与生俱来的职责和义务。承担责任的大小决定了个人魅力的大小。如果一个人对自己都不负责任，那么也别指望他会对其他人负责任。如果一个人对自己负责任，但是对团队不负责任，那么他不会取得巨大成功。一个人对团队负责任，对自己也负责任，那么他将会带领团队走向成功。

（2）行动的实质就是付出，付出时间、精力、财力，没有付出就没有回报。不行动，一切计划都只是空想，只有开始行动，才有成功的可能。

项目 4：谁去求援

【项目类型】

管理沟通培训。

【培训目的】

（1）培养队员良好的倾听习惯，从而更好地进行思考和领悟。

（2）学会站在他人的角度思考问题，培养队员换位思考的思维方式。

（3）提高理解别人的能力，增加别人理解自己的可能性，培养队员语言表达精准、逻辑严密的沟通能力。

【场地器材】

一片平整的场地，面积大约为 50 m²，也可以是会议室，布置的座位需要呈圆形。

【项目布置】

荒岛上坠落了一架私人飞机，其中只有 6 人存活下来。这时没有水和食物，逃生工具也只有容纳一人的橡皮气球吊篮一个。我们打算安排一个人乘坐橡皮气球吊篮去寻找援助，现在决定由谁乘坐橡皮气球吊篮独自离岛求援，这个人选通过各自陈述理由。在陈述时要求先复述前一人的理由，然后陈述自己的理由。最后，将别人逃生理由复述得最完整与陈述自身理由最充分的人员，方能先行离岛求援，如图 5-31 所示。

角色分别如下：

（1）孕妇：怀胎八个月。

（2）发明家：正在研究新能源（可再生、无污染）汽车。

图 5-31 谁去求援

（3）医学家：多年研究艾滋病的治疗方案，已取得突破性进展。

（4）宇航员：即将远征火星，寻找适合人类居住的新星球。

（5）生态学家：热带雨林抢救工作组人员。

（6）流浪汉。

【项目规则】

（1）每位队员先复述前一人的理由，然后申述自己的理由。

（2）在别人陈述理由时一定要认真倾听并记住每个人的发言。

（3）在选择逃生人员前，队内可以讨论，但是最后以举手表决方式来确定。

【安全监控】

无。

【项目时间】

项目挑战时间：40 分钟。

项目分享时间：30 分钟。

项目操作总时间：约 70 分钟。

【项目观察】

（1）在其他队员陈述时，本队队员是否都在认真倾听。

（2）在陈述时，队员的表达是否能做到逻辑严密。

（3）队员在表达时用词是否精准。

（4）队内讨论时有意见冲突吗？如果有是如何解决的。

（5）你在表达时是否能够尽量让其他队员明白你的想法，在表达用词方面是否精准。

【总结与分享】

（1）认真聆听别人的想法，记住别人的想法，认真对待其他人的需求，这样才能使别人信赖你，才会让你去求救。由此可见，聆听非常重要。

（2）"一个有口才的领导带着一群有耳朵懂得听话的人为了共同目标去努力"这就是团队这两个字拆开的理解，所以有好的口才是成为好领导的重要条件之一。你有再远大的目标、再美好的理想，但如果不能说服别人跟随你去奋斗，那么你只能一个人单打独斗，无法带出好的团队。只有表达精准简练、逻辑严密，让人觉得可行，才能使其他队员认同你的见解。

项目5：换牌游戏

【项目类型】

新人融入培训、团队协作培训、销售管理培训。

【培训目的】

（1）通过游戏使团队中每位成员认识到自己对团队高、中、基层协调配合的重要性。

（2）体会合理配置资源对团队良性发展的重要作用。

（3）体会中层位置的队员在对上级或下级传达信息时有必要先进行信息的处理。

（4）让处于团队领导的队员体会到作为领导应关注大局、不拘小节。

【场地器材】

平整的场地，面积大约为 100 m^2，扑克牌一副（不含大小王，如果有多组PK，每组的牌面应相同），每人20张空白小纸条，每人一支笔。

【项目布置】

事先在场地上摆放好7张椅子，并摆成金字塔形状，然后请7名队员坐在椅子上，按A、B、C、E、F、G、H坐在摆放好的椅子上（A坐在金字塔的塔尖，其他按从左至右的顺序坐好。其中A是B、C的上线，B是E、F的上线，C是G、H的上线），同时发给每位队员20张小纸条、1支笔、5张扑克牌。队员按照规则交换扑克牌，每位队员利用纸条和笔通过书写来进行交流，通过与其他队员交换扑克牌来让自己手中的扑克牌达到最佳组合并据此获得相应分数，获得最高分者为胜者，如图5-32所示。

图 5-32　换牌游戏

【项目规则】

（1）在整个换牌活动过程中，队员之间都不可以有语言交流。

（2）队员之间都只能与上下级换牌，禁止同级（如 B 与 C）或越级换牌（F 与 C、A 与 F）。

（3）起始每位队员手上只有随机发放的 5 张牌。

（4）每次只允许交换 1 张牌。

（5）规定时长（25 分钟）内争取通过换牌让整个团队的牌面换成最佳组合牌面。

（6）如果人数允许，可以再找 7 个人进行游戏的 PK。

（7）得分按照同花顺、顺子、四条、三带一、两对、一对、乱牌来排序，分别为 7 分、6 分、5 分、4 分、3 分、2 分、1 分。

【安全监控】

（1）为了避免笔无意间伤害队友，交换牌时先将笔放下再拿着牌与对方交换。

（2）安全员随时关注队员的动作，及时提示队友避免出现危险动作。

【项目时间】

项目挑战时间：30 分钟。

项目分享时间：30 分钟。

项目操作总时间：约 60 分钟。

【项目观察】

（1）团队队长组织大家换牌是否合理。

（2）队员是按照团队的需要还是按照自己的需要换牌。

（3）为了团队利益是否有队员拆散自己相对好的牌面。

（4）中层的两位队员对信息是如何处理的，处理是否得当。

（5）团队中 A 起到的作用。

【总结与分享】

（1）A 在活动中处于核心的位置，A 的信息处理速度至关重要，他的速度就是整个组织的速度，他是整个组织确定目标的核心人员，B、C 是信息交流的瓶颈。

（2）队内成员之间交流是造成信息传递缓慢的原因。在现代企业管理中，大部分已经形成资源共享的模式，这也是信息占有与使用理念巨大的改变。所以，只有不断地革新，才是生存及发展的制胜之道。

（3）活动中的纸牌代替了有限的实际资源。在实际企业运作过程中，还存在部门之间、上下级之间、小团队之间独占资源的现象，存有这种心态是摧毁企业的可怕的病毒。为了企业和团队的发展，应该根除这种小集体思维模式。

项目 6：风语战士

【项目类型】

团队沟通培训。

【培训目的】

（1）培养学生巧妙地听和说的能力，掌握一定的沟通技巧。

（2）培养团队成员理解别人的能力，同时使别人理解自己，学会主动沟通。

（3）培养队员正确地看待自己，正确地面对挫折，提升抗压能力。

（4）加强换位思考的意识，增强团队成员之间的默契度。

【场地器材】

一块没有尖桩、利石的平整场地，面积大约为 150 m^2。旗子要与队伍数量相适应，即队伍数量的两倍。

【项目布置】

在行动的过程中，团队成员需要保持绝对的安静和隐蔽。成员之间需要寻找其他方式来代替言语沟通才能适应环境的需求。经过决定，试图通过有规律地挥动旗帜来准确传达语意，所以我们需要先一起讨论出一套系统的旗语，然后，队员将被分开，在规定时间内，只能通过事先讨论确立的旗语来传递信息，如图 5-33 所示。

图 5-33　风语战士

【项目规则】

（1）团队成员分为密码发送方与密码接收破译方两个小组进行挑战。

（2）密码由标点、汉字、英文字母和数字四部分组成。

（3）在活动过程中不允许讲话，不可以使用辅助器材如手机等，只能利用规定的器材。

（4）团队内随机抽出密码发送方 3 人，其余成员为密码接收破译方。

（5）团队策划时间为 30 分钟，挑战时间为 30 分钟，用时最短、结果完全正确的一方为获胜方，或正确率高的一方为获胜方。

【安全监控】

（1）成员之间控制好适当的距离。

（2）挥舞旗子要注意安全，避免碰到其他人员。

【项目时间】

项目挑战时间：30 分钟。

项目分享时间：30 分钟。

项目操作总时间：约 60 分钟。

【项目观察】

（1）团队有没有及时推选出领导。

（2）团队沟通中有没有出现约定比较模糊的现象。

（3）在沟通不顺畅时，成员之间是如何解决的。

（4）在活动中，团队成员有没有情绪波动的过程，如果有，是什么表现，影响如何。

（5）非语言形式的沟通可以利用的资源。

（6）在非语言沟通过程中，大家使用的技巧。

（7）团队在活动设计中是否考虑了表达不可理解时的备用表达方式，是否设计了反馈表达方式。

（8）密码接收破译方在理解密码发送方的旗语时有没有经过仔细严谨的观察与思考。

（9）在信息沟通时大家有没有做到换位思考。

【总结与分享】

（1）沟通在生活中无处不在，然而由于沟通不顺畅带来众多的人际关系问题，会让人很苦恼。沟通不顺畅的原因是多方面的，如没有仔细聆听对方的讲话。如何解决这些问题，是值得每个人思考的问题。

（2）这种非语言形式的沟通比较困难，需要进行反复主动的沟通。懂得沟通需要，主动提问，这将会在我们以后的生活与工作中起到很大的帮助作用，会让你的学习、工作变得更加顺利。

（3）在工作生活中常常需要我们懂得换位思考，学会换位思考就是学会站在对方的角度思考问题，这也会带来沟通的和谐和流畅，起到事半功倍的作用。

项目 7：求生墙

【项目类型】

团队协作培训、奉献精神培训。

【培训目的】

（1）使学生了解一个团队应该如何进行群体决策，发挥领导作用，寻求解决问题的科学方法。

（2）提高学生危急时刻的生存技能，提高安全意识和保护意识。

（3）增强学生对团队力量的认识，培养团队内部及团队之间的凝聚力。

（4）鼓励学生科学评估创新方案，勇于实践，不断尝试。

（5）鼓励学生认同差异，合理分工，学习最优配置资源。

（6）使学生深刻感受信任和帮助的重要性，挑战难度较大的任务。

【场地器材】

一块没有尖桩、利石的平整场地，面积大约为 150 m²。

【项目布置】

一面高 4 m、宽 3~4 m 的求生墙，一般不得低于 3.5 m，墙后平台低于墙头 1 m，墙宽以 25 cm 左右为佳，平台四周必须带有围栏。墙面前有开阔地面，放置不小于 3 m×2 m×0.25 m 的厚海绵垫两块，海绵垫硬度最好一致，注意中间的连接处，如有可能，上面再铺一块海绵垫，避免学生踩到海绵垫拼缝处，如图 5-34 所示。

图 5-34　求生墙

【项目规则】

（1）教师要明确告诉学生项目的安全注意事项，对项目的难度及危险性要介绍清楚，让学生提前做好心理准备。

（2）项目开始之前，所有学生都要摘除身上的一切硬物，如手表、眼镜、发卡、饰品、钥匙串等，如果穿硬底鞋、胶钉鞋必须脱掉。

（3）全体学生都要不借助任何工具爬上这面墙。

（4）教师应进行情境描述，使学生感受到活动的紧迫性。

（5）所有学生都要在 40 分钟以内爬上这面 4 m 高的墙，如有学生没上去，则视为团队挑战失败。

（6）不允许借助任何可以延长肢体的工具，如衣物、腰带。

（7）这个墙面是大家攀爬的唯一通道，不允许利用墙的侧边及周围台阶。

（8）没有上去的学生不能事先从旁边爬上去，已经上去的学生不能再从旁边的梯子爬下来帮忙，允许已经上去的同学从原路退下。

（9）如果大家要采取搭人梯的方法，要采用马步站桩式，不超过 3 人次踩肩，不要将身体靠在墙上，注意腰部用力挺直，用手臂弯曲推墙固定保持人梯牢固。

（10）要有人专门扶持人梯学生的腰，可以屈膝用腿支撑人梯学生的臀部，学生在攀爬时不可踩人梯学生的头、颈椎、脊椎，只可以踩肩、大腿。

（11）向上拉人时不可以拉衣服，拉手时要手腕相扣（即老虎扣，学生如不清楚，教师一定要示范），不可将被拉学生的胳膊搭在墙沿上，只能垂直向上提，当肩部以上高过墙沿时可以靠在墙上，从侧面将腿上提。

（12）学生不得助跑起跳，上爬时不可采用蹬走上墙动作，上去后翻越墙头要稳妥。

（13）学生应注意垫子的大小范围与软硬程度，注意垫上活动的安全，避免扭伤脚踝，人多时最外围人员可以弓步站立，一脚站在垫子下。

（14）在攀爬过程中，如果有学生承受不住时，可以大声呼叫，并坚持一会儿，保护人员要迅速解救。

（15）所有学生必须参与保护，保护人员应采取：以弓步站立，双手举过头，肘略屈，掌心对着攀爬者，抬头密切关注攀爬者，当攀爬者出现不稳时，应随时准备接应。

（16）当攀爬学生摔落或人墙倒塌，应迅速在保护自己的同时做出如下动作：当攀爬学生顺墙滑下，应将其按在墙上，不得按头；当攀爬学生在不高的地方屈膝向后坐下或脚下滑落，应上前拖住；当攀爬学生从高空向外摔出，应顺势接住，将其放在垫子上。

【安全监控】

（1）项目开始前，教师应检查海绵垫是否完好无损，上面是否有硬物。

（2）教师要提醒攀爬学生、搭人梯学生、墙上提拉学生、外围保护学生注意安全，做到安全事故防患于未然。

（3）教师要监督墙上学生的安全，不准骑跨或站立在墙头，注意墙后平台的范围，平台上不得超过8人。

（4）地面学生少于3人时，教师应该站在人梯后较近的位置适当辅以力量，重点关注前3名和最后3名学生的攀爬过程，其余学生的攀爬过程可以提拉与托举并用，人梯不用过高。

（5）在搭救最后一名学生时，教师对学生的安全要不断强调、监控，并要求学生讲出他们的安全措施，教师对此进行判断，可以否决或补充要求。

（6）最后一名学生离地，脚上举或做其他动作，教师应站在学生侧后方，一方面避免头朝下坠落，另一方面避免脸或头磕在墙上，如要坠落，教师顺势帮助调整姿势接住或揽到垫子中间，必须休息一会儿再次尝试。

（7）有安全隐患时，教师应果断鸣哨或叫停。女学生未经特殊训练一般不做中间连接。教师提醒学生在被队友往上提拉时不要用脚蹬墙，以免磕伤腿及面部。在挑战过程中，只要教师口哨响起，学生必须停止操作，不可抱有任何侥幸心理，"受伤"往往发生在再坚持一下的努力之中。

（8）教师不可参与项目，如充当倒挂或最后一人。如学生因身体原因不适合参加，可以不参加或沿梯子上去。

（9）活动中学生不得开玩笑，不得在墙面后的平台蹦跳打闹。

【项目时间】

项目挑战时间：30 分钟。

项目分享时间：30 分钟。

项目操作总时间：约 60 分钟。

【项目观察】

（1）项目开始前，建议学生做热身运动，让身体活动开。教师确认所有学生身体没有问题后，可鼓励所有学生参与挑战。

（2）教师应清晰、重点突出地向学生布置项目规则和安全要求，要求学生及时反馈，确保学生了解任务要求。

（3）解决问题的办法由学生自己想出，教师不用给予安全操作以外的建议。

（4）学生讨论时间过长没有决策和执行时，教师可适当提醒时间，一般应留出 2~3 分钟用于执行。

（5）学生尝试多次受挫时教师应予以适当推动，包括鼓励和提示一些小技巧。

（6）教师记录第一名学生开始攀爬的时间和最后一名学生的耗时及尝试次数。

（7）最后一名学生屡次尝试各种方法，都遭遇困难时，如果出现放弃倾向，教师应巧妙给予提示。如果学生实在没有办法，则教师采用介入式辅导。

（8）求生墙高于 4 m 或学生确因能力不够而上不去时，教师可以给他们备用绳套并指导使用方法。

【总结与分享】

（1）教师对大家共同完成项目应给予肯定和表扬。鼓励大家说说对项目的感受。

（2）在这个活动中，大家受到激励了吗？是什么在激励大家？

（3）完成任务过程中有没有分工？是如何分工的？团队中应该如何分工和协作？

（4）第一名上去的学生分享感受？其他学生可以谈谈先锋的作用与榜样的力量对自己的激励。

（5）学生分享上墙的顺序及角色的认定对团队完成任务的积极作用。

（6）甘为人梯的精神是值得大家尊敬和赞美的。

（7）当大家成功完成任务，激动地拥抱在一起时，心里有怎样的感受？

（8）赞赏"倒挂"的英雄，树立团队学生效仿的榜样。

项目 8：水平云梯

【项目类型】

团队协作培训、建立信任培训。

【培训目的】

（1）培养学生统筹协作的能力。

（2）培养学生快速学习的能力，激发团队的成长潜力从而走向成熟。

（3）培养学生面对压力与挑战能够坚持不懈地努力和干预拼搏的精神。
（4）让学生认识到每名成员融入团队的重要性。
（5）让学生领会每个子项目中暗含的道理。

【场地器材】

10~12根木棒或水管（长度约1 m，直径约32 mm）。

【项目布置】

室内或室外场地均可，不小于半个篮球场的平整场地。10根云梯专用的木棒，要求每根木棒长约为80 cm，直径约为4.5 cm，承重80 kg，弯曲度为2%，如图5-35所示。

图5-35 水平云梯

【项目规则】

（1）两名学生组合在一起成为搭档。一名学生开始爬云梯，其他所有学生都参与搭建云梯，除去攀爬者，如果有多余的学生，则做安全监护员。

（2）给每对搭档发放一根木棒，让每对搭档面对面站好，所有搭档肩并肩排列成两行。

（3）每对搭档握住木棒，木棒与地面平行，其高度介于肩膀和腰部之间，这样形成了一个类似水平摆放木梯的形状。每根木棒的高度可以略有不同，以形成一定的起伏。

（4）将选好爬梯的学生带到云梯的一端，让他从这里开始爬到云梯的另一端。在只有四五对搭档参加游戏的情况下，教师可以让前端的搭档等爬梯者通过后，迅速跑到末端站好，利用这种方法可以随意延长云梯。

【安全监控】

（1）教师要提醒学生不要拿项目器材玩耍打闹，避免误伤他人。

（2）活动项目轮换时，不要将项目器材随意扔在地上，按照提前摆设的项目区域适当放置。

（3）一个团队挑战时，另一个团队在指定的区域内观察。

（4）要确保云梯表面光滑，以避免划伤或扎伤爬梯者。教师要确保每名学生都能牢牢抓住木棒，千万不能在爬梯学生经过时松手。这是一个用来建立信任的游戏，如果有学生不慎松手，丧失的信任感将很难恢复。

（5）教师要提醒学生不允许将木棒举到比肩膀还高的位置上。

（6）前端的搭档在爬梯学生离开后先不要急于离开，待爬梯学生经过两三个木棒后再离开，迅速到前端去排队。

【项目时间】

项目挑战时间：60分钟。

项目分享时间：30分钟。

项目操作总时间：约90分钟。

【项目观察】

（1）教师在介绍项目规则时要语言精练、讲解清楚，确保学生了解任务要求。

（2）教师一边讲解一边演练，主要强调抓木棒的要点及安全要求。

（3）教师适当提醒学生这个项目不要练习太多时间，避免出现安全事故。

（4）教师在布课过程中要暗示学生相信队友才是最重要的。

（5）在练习一段时间后，教师可以帮助学生测试一次，测试距离不宜过远，如50 m必须停止。

（6）两队第一次比赛结束后，由队长组织团队成员进行讨论，再给几分钟时间练习，然后进行挑战。

（7）挑战采取3局2胜制，对于输了的团队教师要给予时间讨论解决方案。

（8）根据引导技术，结合团队挑战情况，教师可以适当地鼓励和激励，但不要有过于明显的帮助。

（9）对于第一名上去的学生，教师要多鼓励。

（10）教师可以调整队形，形成一个弧形的梯子。

（11）根据团队的具体情况，教师可以加大挑战难度，如将挑战者的眼睛蒙起来，但不要蒙住做"梯子"的学生。

【总结与分享】

（1）教师对学生共同完成挑战给予肯定和表扬。

（2）教师鼓励大家都谈谈参加这个项目的感受。根据学生的分享，教师对已出现的理念或学生并未讲清楚的部分给予补充，使学生认识团队中信任建立的重要性。

（3）第一名爬云梯的学生可以重点分享自己的感受，教师借这名学生的发言引导所有学生讨论先锋的作用与榜样的力量对他人有何激励意义。

（4）教师引导学生探讨爬云梯的顺序及角色认定对团队完成任务的积极作用。鼓励学生分享"珍惜别人的帮助，懂得感恩是能够继续前进的无形助力"的感受，体会共同学习、总结经验对提高整体工作效率的重要性。

（5）教师引导学生分享爬云梯之前和之后的感受。
（6）教师引导学生分享做"梯子"的时候有何感受。
（7）教师引导学生探讨生活中如何理解"既要有敢为人梯的精神，也要做到吃水不忘挖井人"及"人人为我、我为人人"的精神。

五、厚德明理篇

大多数人想改变世界，却只有极少数人愿意改变自己！

故事索引

只有勤奋的人才不会恐慌，只有勤奋的人才能牢牢把握住每次机会。在美国，有一个人在一年之中的每天，几乎做着同一件事：天刚放亮，就伏在打字机前开始一天的写作。这个男人名叫斯蒂芬·金，是国际著名小说大师。

斯蒂芬·金的经历十分坎坷，他曾经潦倒到连电话费都交不出，电话公司因此掐断了他的电话线。后来，他成了世界上著名的恐怖小说大师，每天稿约不断，常常是一部小说还在他的大脑中储存着，出版社的高额奖金就支付给了他。如今，他算是世界富翁了，可他的人生仍然是在勤奋创作中度过。

斯蒂芬·金的秘密很简单，只有两个字——勤奋。一年之中，他只有三天是例外的，即不写作。这三天是生日、圣诞节、美国独立日（美国国庆节）。勤奋给他带来的好处就是永不枯竭的灵感。学术大师季羡林老先生说过："勤奋出灵感。"斯蒂芬·金和一般的作家不同。一般的作家在没有灵感的时候，就去干其他事情，从不逼迫自己去写。但他不同，在没有什么可写的情况下，每天也要写5 000字。

做一个勤奋的人，阳光每天的第一个亲吻肯定先落在勤奋者的脸颊上。

项目1：相互介绍

【项目类型】
团队协作培训、执行力培训、沟通培训。
【培训目的】
（1）打破人际交流的隔阂，使学生相互熟悉并迅速融入集体。
（2）培养学生适应新环境的能力、交际能力和语言能力。
【场地器材】
1个音响、1部手机。
【项目布置】
相互介绍项目帮助学生打破沟通障碍，通过相互了解达到彼此熟悉，如图5-36所示。

团队成员之间相互认识是团队建设的基础，只有相互了解才能敞开心扉。在社交场合中，介绍与被介绍是很重要的一个方面，通过介绍，新的友谊形成了，新的同学相识了，彼此之间的志趣了解了，学习上的接触也开始了。

图 5-36　相互介绍

【项目规则】

（1）活动可以在宽阔的场地或操场上进行。

（2）为加深学生之间的了解与信任，外圈的部分学生可与内圈的部分学生交换位置。

（3）分组时，主讲人可以根据一个班的人数情况，按照"1、2"报数分组。

（4）所有学生分成两组，手拉手围成两个同心圆，面对面站立，向各自对面的同学介绍自己。

【安全监控】

（1）音乐不需要放太大的声音。学生在旋转时需要听相邻同学移动的声音，以免撞在一起。

（2）在项目中，圆圈可以稍大一些，以免拥挤和发生踩踏事故。

（3）每组的人数不宜过多。

（4）各组应有一定的间隔。

【项目时间】

项目挑战时间：30 分钟。

项目分享时间：20 分钟。

项目操作总时间：约 50 分钟。

【项目观察】

（1）学生按照"1、2"报数分成两组。报数 1 的学生站外圈，报数 2 的学生站内圈，外圈、内圈的学生分别手拉手围成两个圆圈。

（2）待圆圈完成后，音乐响起时，全体学生围绕圆圈旋转。外圈与内圈的学生的旋转方向相反。

（3）每首歌曲结束时，学生停止转动，面对面的人彼此握手寒暄并相互自我介绍。

（4）旋转多次后，外圈和内圈的学生分别按照"1、2"重新报数。报数1的学生站外圈，报数2的学生站内圈，增加相互了解。

【总结与分享】

（1）在同伴介绍自己时，如何更好地倾听？

（2）是否遵守规则？

（3）完成的效果怎样？

（4）整场活动中学到了什么？

（5）自我介绍需要注意以下四个方面：一是字数。人们在说话的时候，可以在1分钟内说出200~220个字。自我介绍的时间不能过长。二是框架。自我介绍的二三法则："二"即开头和结尾。开头一定要有礼貌地说：大家好，我叫什么名字，来自哪里，结尾最好用一句名人名言来总结自己的个人特色和形象；"三"即用三个关键词来描述自己，即爱好、职业和梦想。三是标签。由于家庭、年龄、经历、身份的不同，自我介绍必须贴上一个准确的标签。四是金句结尾。我们可以用自己喜欢的金句对自己的介绍进行总结。

项目2：驿站传书

【项目类型】

团队协作培训、执行力培训、沟通培训。

【培训目的】

（1）学习沟通的方法和技巧。

（2）体验沟通中的困难。

（3）遵守规则，敢于尝试创新的沟通方式。

（4）提高沟通能力，培养团队精神。

【场地器材】

面积大约为50 m² 的平整空地一片、若干的笔和白纸。

【项目布置】

将所有队员分成4组，每组人数相当，人数不等的情况下，多余的队员担任裁判员。4组以纵队排列，教师将准备好的白纸和笔交给每队队尾的队员，第一轮要求队尾的队员在纸上写出一个3位数字，不准以任何方式告知其他人，教师当场收集纸条。在最短的时间内，将提供的数字依次传递到最前面的队员，并举手示意，如图5-37所示。

【项目规则】

（1）不准用语言传递，前面的队员不准转头，所有队员不能离开自己的初始位置。

（2）手的活动范围：不能在本队前、后队员的视线内出现。

（3）严禁传递任何物品。

（4）严禁使用手机等通信工具。

图 5-37 驿站传书

（5）第一轮传递结束后，每列最后一位队员举手示意，裁判员记录用时并收取信息，教师看是否与第一位队员所写的内容相符；第二轮、第三轮重复进行。

（6）共有 3 轮，每轮每组使用不同的传递方式，但不可以重复使用。

（7）如每组在同一轮中有两次及两次以上犯规，本组从第一位队员重新开始传递，用时叠加。

（8）3 轮总用时最少组获胜，如有并列名次，以犯规次数较少组为获胜方。

【安全监控】

所有队员在进行信息传递过程中不能接触头部，接触其他部位时不得使用大力气，以免造成疼痛感。

【项目时间】

项目挑战时间：30 分钟。

项目分享时间：20 分钟。

项目操作总时间：约 50 分钟。

【项目观察】

（1）队员之间沟通交流的现场氛围如何。

（2）使用的沟通方式以及最受大家欢迎的方式。

（3）在信息传递的过程中队员之间的反馈情况如何。

【总结与分享】

（1）在任务开始前，队员之间的沟通交流很重要，达成一致的理解方式，只是在传递信息的过程中使用方法有区别。每位队员的执行力度要强，既要有团队协作，又要有默契配合，确保信息不失真。

（2）沟通，不只是"沟"这一层面，更应该重视"通"的层面，达到有效沟通的目的。沟通是双向的，要有相应的反馈，在信息传递中更应该体现这一点，只有这样，才能增强信息传递的真实性。

项目 3：挑战 150 秒

【项目类型】

新人融入培训、高效团队培训、高效沟通培训、流程管理培训。

【培训目的】

（1）培养队员严谨细致的工作作风，提高多种任务之下的统筹能力。

（2）使全体队员快速融入团队，加强学员的沟通意识，学习沟通技巧，达到有效沟通。

（3）学会调整心态，化压力为动力，不急不躁，培养竞技能力。

（4）自我激励，不断超越自己，培养精诚合作与同甘共苦的精神。

【场地器材】

面积大约为 100 m² 的长方形平整场地一块，若干根 150 cm 木棍和 50 cm PVC 凹槽，同心鼓 4 个，乒乓球 4 个。

【项目布置】

挑战 150 秒项目开始前将所有队员分成 4 个小组，每个小组不少于 10 人，人数相等，通过不断优化和分工，在 150 秒内连续完成鼓舞人心、不倒森林、珠行万里三个挑战项目。

（1）鼓舞人心：将同心鼓周围系上绳子，所有队员拿着能控制鼓的绳索，鼓上放置一个排球，要求连续颠球五次以上，如图 5-38 所示。

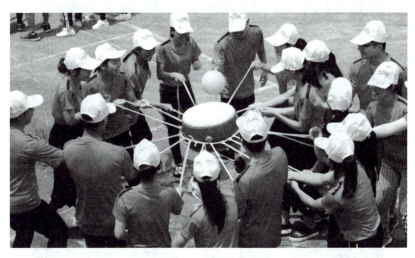

图 5-38 鼓舞人心

（2）不倒森林：每人手持一根 1.5 m 长的木棍，面向圆心围成一个圆圈，以任意一位队员为准点，要求用掌心控制木棍，所有队员按照顺（逆）时针移动一周，所有木棍不能倒下，如图 5-39 所示。

（3）珠行万里：所有队员排列成一排，每人手持一根 50 cm 的引导槽（PVC 凹槽），将其相接排列成一列，在起点的引导槽上放置一个乒乓球，然后该队员使用引导槽将乒乓球传递给下一位队友直至到达规定地点结束，如图 5-40 所示。

视频：不倒的森林

视频：能量传输

图 5-39　不倒森林

图 5-40　珠行万里

【项目规则】

1. 鼓舞人心

（1）在队伍中选择出一位队员负责抛球和捡球，其他队员控制鼓的舞动；一次性至少完成五次颠球，球若落地，将重新开始计数。

（2）完成项目后将器材放回原位方能进行下一个挑战。

2. 不倒森林

（1）在项目进行中，每位队员只能单手持棍。

（2）如果木棍倒地，则本项目需要重新开始。

（3）完成项目后必须将木棍放回原位方能进行下一个挑战。

3. 珠行万里

（1）在项目进行中，所有队员可以接球为目的跑动，但是不可以带球跑动。

（2）相邻队员之间的PVC凹槽接头不可以用双手握住。

（3）在项目进行中，如果乒乓球从管道中掉落，则本项目重新开始。

（4）每队可以安排一位队员担任裁判，负责途中监督。

【安全监控】

（1）活动开始前对所有队员进行安全检查，要求队员不准携带危险物品。

（2）重点注意"不倒森林"与"珠行万里"的安全。

（3）活动练习场地有限时注意轮换人员的跑动，避免冲撞。

（4）器械使用完毕后提醒队员不要随意挥舞PVC凹槽、木棍，注意保护器械。

（5）活动挑战时合理安排其他队伍的队员观摩。

（6）挑战间隙安排休息时间。

【项目时间】

项目挑战时间：30分钟。

项目分享时间：30分钟。

项目操作总时间：约60分钟。

【项目观察】

（1）队长是否发挥了领导的作用，在任务分配、时间安排、项目衔接等环节是否有大局意识，组织管理是否到位。

（2）所有队员的执行力度是否到位，队内配合是否默契。

（3）出现个别队员不配合时，队长是怎样处理的，并让队员投入训练。

（4）在每个项目重复练习时，是否有队员不积极参与，影响训练的进行。

（5）面对困难时大家是否共同参与解决。

【总结与分享】

（1）每个人都有自己的角色，有指挥的、有执行的、有配合的，有分工才有团队。而你的角色决定了你应该承担的责任。如果你负责指挥，你必须站在更高的高度上来训练队员，让大家充满士气，全力以赴投入其中。如果你是一位队员，你要思考的是如何让自己更好地融入团队，更好地配合所有同事完成任务。换而言之，你的工作只有与其他人配合起来才有意义，做好自己的本分，尽到角色的责任，然后共同去完成任务。就像在工作中，我们都有自己的职责，做好自己的工作，然后和你的部门一起努力、配合，达到公司的要求。

（2）时间是有限的，对于每个人来说，是最公平的，在挑战150秒里，我们之所以能做出这么多的事情，完全是因为在这之前的60分钟里，我们抓住了每分每秒去训练。重要的不是结果，而是那粒时间的种子，我们把时间投向哪里，结果就会从哪里得出，对于一棵树来说，重要的不是果实，而是种子。对于我们来说也是一样，如果你把时间投向锻炼，你会收获健康的身体；如果你把时间投向学习，你会收获知识；如果你把时间投向交际，你会结交朋友。如果你想收获什么，就请把时间的种子投向哪里。

（3）一支有效作战的团队，是经过不断磨合和配合才形成的，刚才我们所经历的就是这样的一个阶段。熟能生巧，一些我们原来根本没有接触过的工作，经过反复训练和磨合，一样可以很好地完成，所以，其实这个世界上没有什么称得上很难的事情，只要你全身心地投入，认真地去做，一样可以走向成功。在以后的工作中也是一样，没有什么很难的工作，只要经过有效的训练，任何人都能做到，差别只有一点，就是做到与做好，任何人都可以做到，却不是任何人都可以做好，既然我们可以做到，为什么我们不做得更好呢？要想做到更好，就是不断训练，认真面对。

项目4：七巧板

【项目类型】

团队合作培训、信息共享培训、有效沟通培训、资源配置培训、目标管理培训。

【培训目的】

（1）培养团队成员主动沟通的意识。

（2）强调团队的信息与资源共享，通过加强资源的合理配置来提高整体价值。

（3）体会团队之间加强合作的重要性，合理处理竞争关系，实现良性循环。

（4）培养成员市场开拓的意识，更新产品创新观念。

（5）培养成员科学系统的思维方式，增强全局观念。

（6）体会不同的领导风格对于团队完成任务的影响和重要作用。

【场地器材】

一块大约100 m²的平整场地，七巧板5套，任务书7份，积分表1张，秒表1块，垫子7个。其中，6个组的位置为正六边形的角，每组之间相距3 m左右，第7组的位置为中心点。

【项目布置】

将所有成员分成人数相等的7组，并宣布7组的编号，提前把垫子放在正六边形的角和中心位置上，每组围着垫子坐，按照组别分发一份任务书、一张图纸和随机的5套七巧板，共同完成1 000分以上的任务，即挑战成功，如图5-41所示。

图 5-41 七巧板

【项目规则】

（1）在 30 分钟内完成本组任务，5 分钟内完成团队任务。

（2）在活动中，只可以用手传递七巧板和图纸，严禁抛扔，不可以传递任务书，任何队员不得离开初始位置。

（3）每组完成一项任务时，必须及时向裁判员示意，当场检查并记录分数。完成第 1~6 个图形（用不同颜色拼成人、骑马的人、马、猫、鸟、鸭子）得 10 分，完成第 7 个图形（用同一种颜色拼成斧子）得 20 分，完成一个长方形（用 3 种颜色的 7 片图片拼成）得 30 分，完成一个正方形（用 1 种颜色的 7 片图片拼成）得 40 分。

（4）7 组里有 1 组成员可以担任领导，进行指挥和协调，带领大家共同完成团队任务，但也不能离开初始位置。分数规定：其他各组总分的 10% 作为本组的奖励分数之一，另外，将拼出的正方形的数量乘以 20 也是奖励分数，两项奖励分数相加就是这组的总分。

（5）所有组别的总分加起来，达到或超出 1 000 分（总分 1 046），挑战成功。

【安全监控】

（1）活动开始前对所有队员进行安全检查，要求队员不准携带危险物品。

（2）要求每位队员遵守规则，不得离开初始位置。

（3）在活动过程中不得将七巧板和图纸在空中挥舞，或者随意抛掷，或者在地面上摩擦。

【项目时间】

项目挑战时间：35 分钟。

项目分享时间：15 分钟。

项目操作总时间：约 50 分钟。

【项目观察】

（1）关注领导小组的行动，是否积极主动与其他小组进行沟通交流。

（2）领导小组分工是否合理，是否发挥了桥梁的作用。

（3）领导小组是否真正了解其他小组的资源和任务，对每组的下一目标是否清楚。

（4）单个小组之间队员的配合是否默契，行动目标是否一致。

【总结与分享】

（1）游戏好比职场，扮演着不同的身份，有着不同的目标与任务。平时在工作中，遇到要做的事情比较多时，就容易出现脑子一锅粥的感觉，主要是没在头脑中过滤，找出合理的统筹方式，分清楚轻重缓急，先抓主要矛盾。"凡事预则立，不预则废！"事情蛮干，不如不干。做事前，做好计划，多思考，想想做事中可能会遇到什么问题，提前做好防范措施，有备无患。

（2）游戏开始，由于受位置状态的影响，所有队员可能会在心理上产生"对立感"，根本没有"我们是一个团队"的意识。大家都闷头苦干，忘了最基础的沟通，都以各个小组的利益为重，却忽视了大目标的存在，这是失去团队共同目标的重要原因。当然成功的秘诀也在于团队协作，学会沟通，学会借用，更要有给力的领导做指挥。

（3）领导的作用很重要，要把资源整合，共享资源，安排有次序，忙而不乱。明确地告知大家共同的目标是什么，对"只顾小家，不顾大家"的行动及时制止，带领大家齐心协力，向着共同目标努力。

项目5：信任导盲

【项目类型】

建立信任培训、团队协作培训、人际交往能力培训。

【培训目的】

（1）培养队员的辨别能力，建立信任关系，提高人际交往能力。

（2）培养团队互助协作的精神，提高环境适应能力，体验信任的重要性。

（3）锻炼队员不怕困难、敢于面对现状、敢于挑战、勇往直前的意志。

（4）锻炼队员在困境中积极调整自己的心态，清楚分析现状并及时总结，不气馁、坚持到底的毅力。

【场地器材】

面积大约为 250 m^2 的复杂地形，在场地中设置陷阱区，并留有平整的通道；眼罩若干个。

【项目布置】

教师将所有队员分成人数相等的两组，一组扮演"盲人"，另一组扮演"健全人"，"盲人"在"健全人"的帮助下安全通过所有障碍区域，完成后交换角色，如图5-42所示。

图 5-42 信任导盲

【项目规则】

(1)"健全人"通过语言指挥"盲人"安全通过所有障碍区。

(2)若是同一组合中的"盲人"或"健全人"没有安全通过任何一个障碍区,将留在原地,不得回到起点或离开障碍区,以增加通行难度。

(3)在整个过程中除指挥的声音外,不得有其他物品发出声音,不得有喧闹现象。

(4)在裁判员宣布完成任务时,"盲人"才能摘下眼罩。

【安全监控】

(1)活动开始前检查场地是否有尖锐物体,要求学生不准携带危险物品。

(2)活动中肢体动作力度不能太大,不能让对方有疼痛感。

(3)安排一名裁判员控制整个场面,以防止人员拥挤,避免安全事故的发生。

(4)场地布置,必须保证所有队员的安全。

【项目时间】

项目准备时间:5分钟。

项目训练时间:15分钟。

项目总结时间:10分钟。

项目操作总时间:约30分钟。

【项目观察】

(1)同队的队员是否由队长安排分组、分工。

(2)同队的队员是否积极商量活动对策,并进行模拟,制订团队的目标任务。

(3)每位队员在活动中是否有团体意识,是否能积极融入团队,相互协助。

(4)每队队长是否关注本队的人员安全,指挥是否合理到位。

（5）在活动中出现突发情况，队长和队员的反应如何，是否能积极协作处理。

（6）每队是否在规定时间内完成任务。

（7）队员活动感悟是否真实。

【总结与分享】

（1）在活动过程中，每位队员感受到"整个世界一片黑暗"时，行动很不方便，这时才发现原来健康和光明对于个人的生活是如此重要，在交换角色后更能体会到换位思考的重要性，诚信待人是交往的基础，建立信任是立足于社会的保障。

（2）信任盲行，在两人的配合下，了解到互助和信任的重要意义。通过队员之间默契的合作，使当时在场的所有人都感受到了盲人的无助与害怕，更关键的是每个参与的人都懂得了相互信任的重要性。

（3）在一个团队中，领导者扮演着至关重要的角色。他们不仅需要指导团队成员，还需要激励他们，协调他们的工作，以及为团队的成功负责。

（4）学会用不同的交流方式与人相处，发挥个人的优势，提高沟通交流的能力。

要让别人信任自己，就要让别人消除自身的不安全感和恐惧感，关注对方的心理变化，调整自己，让对方接受自己，才能走进对方的信任区。

项目6：低空协力过河

【项目类型】

沟通交往培训、挑战毅力培训、团队协作培训、执行力度培训、规划管理培训。

【培训目的】

（1）培养学生不怕困难、迎接挑战、超越自我、坚持到底的拼搏精神。

（2）锻炼学生团队协作、沟通交流的能力，提高执行力度。

（3）锻炼学生解决问题的能力、面对困难心理调整的能力。

（4）通过亲身体验，感悟相互信任的重要性，用换位思考的方法解决问题。

（5）培养学生规划管理的能力及遵守原则的行为习惯。

【场地器材】

面积大约为 100 m² 的平整空地，在空地上安装 0.5 m 高、10 m 长、相距 1.5~2 m 的两根悬空的绳索，两根绳索之间的距离一端窄、一端宽，有足够的载重量，两旁要留有空地。

【项目布置】

教师将所有队员分成人数相等且为偶数的若干组，不是偶数时推选一位队员参加两次。同队里的两位队员一组，两个人各站一根绳索，只能靠双手支撑对方行走，协力到达终点，如图 5-43 所示。

【项目规则】

（1）严格要求每位队员遵守规则，注意安全保护。

（2）不得借助其他外力，只能依靠两人的双手支撑对方。

图 5-43 低空协力过河

（3）必须从绳索间距较小的一端开始，相互协作地走到终点。

（4）如在中途掉下，必须从头开始。

【安全监控】

（1）检查场地的安全，是否有尖锐物体，绳索是否牢固，间距是否合理。

（2）检查队员服装和身上是否有危险物品，确保队员安全。

（3）队员在参与过程中是否有安全意识，能自我保护。

（4）每队是否进行安全提醒，是否有其他队员干扰正在进行中的队员。

【项目时间】

项目准备时间：10 分钟。

项目训练时间：20 分钟。

项目操作总时间：30 分钟。

【项目观察】

（1）每队是否有队长，队长是怎样产生的。

（2）队长是否组织安排安全员，并对本队成员进行安全提示，制订团队目标。

（3）队员之间的搭档是怎样产生的，是否有团队意识。

（4）已完成任务的队员是否向其他队员主动交流心得。

（5）队长的组织是否顺畅，安全员是否关注并提醒队员安全操作的方法。

（6）在产生恐惧心理时队员的心情变化是怎样的，其他队员的态度是怎样的。

（7）团队里是否有不愿意参加活动的，队长和其他队员是怎样处理的。

（8）同组队员之间的配合是否协作共进，沟通交流情况如何。

（9）所有队员在总结时反馈最多的问题。

（10）每队完成任务的时间差异较大，队员是否找出原因。

【总结与分享】

（1）在生活中总会遇到困难，有时也会内心恐惧。怎样消除内心恐惧感？首先，需要从内心相信自己，给自己鼓劲，不能慌张，勇敢起来；其次，调整心态，战胜自己，能自己解决的问题自己解决，不能自己解决的问题要寻求帮助，找同伴共同克服。

（2）这个项目考验的是两人的协作配合能力和交往沟通能力。在团队里只有共同努力，向一个目标奋进，才能共同到达终点，由此可见，团结互助在团队里的重要性。

（3）在遇到困难时，沟通很重要。在团队里，一个人的力量是有限的，只有大家团结一致才能取得成功。在个人优势提升时，不忘团队精神的提升，既能实现个人价值，也能凝聚团队力量。

（4）在两绳索之间距离变大时，考验的是两个人怎样协力配合、到达终点，在不违反规则的情况下，行走的方式和两人辅助的力度很重要，更要有信心。经历了，才知道有些事情不是想象中那么困难，要敢于挑战，敢于超越自我。

（5）这个项目对平衡性和心理素质要求很高，在日常生活中保持良好的心理素质、科学的身体锻炼很重要，为以后的生活和工作打好基础。

（6）在团队里不能没有领导者，领导者的组织安排是否合理、是否能凝聚团队力量，会直接影响团队的胜利。

项目 7：领袖风采

【项目类型】

团队建设培训、有效沟通培训、团队协作培训、责任感培训。

【培训目的】

（1）让学生从培训中深刻感受"责任、认真、细心"的精髓。

（2）通过一轮一轮的竞争，使团队在不断磨合中加强内部协作，抱成一团、拧成一股绳，真正达成一条心的团队理念和共识。

（3）在有效沟通的基础上，提高学生之间的合作精神，消除上级、下属等之间的隔阂，多一些理解和认同。

（4）培养学生的责任感，树立主人翁意识，提高执行力，建立团队的氛围，培养团队意识。

（5）树立学生换位思考的意识，多一分理解、包容与支持，共同努力去完成目标。

【场地器材】

面积为 200 m² 以上的平整场地，固定绳框，秒表若干。

【项目布置】

教师将所有队员分成人数相等的若干组，每组自己选出队长，再由队长进行组内分工，所有队员在队长的指挥下穿越绳框，每队反复五次穿越。所有队长和队员每人要承诺对自己角色的选择和结果负责，如图 5-44 所示。

图 5-44　领袖风采

【项目规则】

（1）所有学生主动分组，并选出本队的队长。

（2）在队长的组织下，所有队员可以自选方式穿越绳框。

（3）所有队员必须连续不断地依次穿越绳框，在穿越绳框的过程中不能碰触绳圈，否则加时，每次 1 秒，裁判员将计时以区分胜负。

（4）共五轮比赛，每轮比赛间有 5 分钟的休息调整时间，每轮用时最少的队伍获胜，队长获得奖励。

（5）每轮用时最多的队伍为失败队伍，队员不受惩罚，队长受到惩罚。第一次失败，队长做俯卧撑 10 个，若为女性队长，则做抱膝跳 10 个，之后每次失败加倍惩罚。

（6）队长"愿赌服输"接受惩罚，任何队员都不能替代。

（7）在比赛中如果有队伍选择放弃，必须将队长没有完成的"惩罚"完成，才能放弃；否则，不能放弃。

【安全监控】

（1）检查场地是否有安全隐患。

（2）检查队员是否携带危险物品，确保安全。

（3）在队员穿越绳框时，不要被绳框绊倒，也不能撞到其他队员。

（4）不准随意挥舞绳框，关注活动秩序，确保活动有序进行。

【项目时间】

项目挑战时间：55 分钟。

项目分享时间：15 分钟。

项目操作总时间：约 70 分钟。

【项目观察】

（1）每队的队长是怎样产生的，是自荐还是推荐。队员是否认可队长。

（2）在活动安排中，所有队员是否服从队长指挥。

（3）队长是否把自己的责任认识清楚，在活动安排中是否体现以大局为重，以团队为重。

（4）在活动中队员是否有放弃的想法，为什么会有这种现象出现，队长的表现又如何。

（5）当队长受到惩罚时，队员的表现如何，是否意识到队长的不容易、责任的重大。

（6）队员是否百折不挠，为取得胜利不断探索方法，提高效率。

（7）在取得胜利或失败后队长和队员的表现与感悟。

【总结与分享】

（1）在队长承担责任的过程中，让队员感受到团队责任的重要性，为了团队的荣誉和目标，勇于担当，在责任中成长！

（2）取得团队的胜利，需要以下几个要素。第一，选择。选择自己的团队，选择团队的队长，每个人要为自己的选择做出承诺，对自己的选择负责。第二，信任。信任每位队员，更要信任队长的决策。信任是团队建设的基础，没有信任，团队胜利遥遥无期，互相信任是团队的无限潜力。第三，团队协作。在团队中要互相帮助、互相支持，停止抱怨，面对挑战，坚定选择，勇往直前。第四，责任。每位队员要对自己负责，对团队负责。明确自己的任务，找准前进的目标，用高效的方法完成任务。

（3）作为队长责任重大，队长的作风直接影响到队员的作风。队长要有引导性，队员要有原则性，队长的敢于承担就是一面镜子，队员是否也能敢于承担自己相应的任务和责任？

（4）队员是否能体会到队长受到惩罚的苦衷？作为领袖，无怨无悔，他所受到的惩罚是让所有人都要反思：反思失败的原因，反思下一轮应该怎样提高效率，反思团队的力量一定要凝聚在一起。

（5）在遇到困难时，团结就是力量，团队的核心就是团队精神，将团队利益放在首位，集思广益，共患艰难，迎难而上，为团队胜利而努力。

既然选择了就要坚持到底，不要后悔，不要气馁，更不能抱怨，先战胜自己，才能战胜别人，加油吧，队友们！

项目8：坎坷人生路

【项目类型】

感恩、责任、奉献培训。

【培训目的】

（1）让学生体验友爱的作用和协作的必要性。

（2）培养学生相互支持、相互信任的精神。

（3）提高学生感恩别人、回馈团队的意识。

【场地器材】

平整开阔的室外场地或室内。

【项目布置】

坎坷人生路项目是在规定时间内，让蒙上眼睛的学生在组员的帮助下，通过障碍物到达目的地，如图 5-45 所示。

图 5-45　坎坷人生路

【项目规则】

（1）主讲人让学生严格按照预定的路线前进，在翻越或钻的过程中，要派专人保护。

（2）主讲人可以适当指导学生，不断强调安全注意事项。

（3）活动开始前，主讲人提醒学生取拿物品要彻底。

（4）活动结束后，主讲人提醒学生摘掉眼罩后不要马上睁开眼睛。

（5）选择的路线应该远离悬崖峭壁、水域和有尖锐物体的地方。

（6）行进过程中所有人不允许有任何语言提示。

【安全监控】

（1）主讲人和助教人员需要随时跟随，保障学生顺利完成任务。

（2）一些"危险"的障碍处，必须有助教人员协助。

（3）学生必须按照预定的路线前进。

（4）学生要自行行走，不能出现拖、拉、拽等危险动作。

【项目时间】

项目挑战时间：55 分钟。

项目分享时间：15 分钟。

项目操作总时间：约 70 分钟。

【项目观察】

（1）主讲人将学生随机分组。一组学生按照要求佩戴眼罩，扮演盲人；另一组学生帮助佩戴眼罩的学生通过障碍物到达目的地，在行进过程中不能发出任何声音。

（2）扮演盲人的学生，不能偷看或摘下眼罩。

（3）在前进过程中，主讲人时刻提醒学生注意安全。

（4）针对动作较为缓慢或遇到困难一时难以克服的学生，主讲人可以协助其通过。

（5）主讲人注意控制场面和氛围，根据现实情况把握活动的进展。

（6）完成任务后，每组学生互换角色回到出发点。

【总结与分享】

（1）我们可以回顾自己的人生道路，找到那些曾经被我们忽略却又真实的爱。

（2）我们要学会以一颗感恩的心面对身边的人，感谢父母给予我们生命；感谢国家给予我们良好的生活环境，能够让我们实现人生的价值；感谢教师传授我们知识；感谢朋友在自己最无助的时候给予支持和鼓励。

（3）在经历艰苦和磨难、领略自然的魅力和险峻后，我们要感谢团队，体会友情的珍贵。

（4）生活给予我们挫折的同时，也赐予了我们坚强。对于热爱它的人来说，它从来不会吝啬，就看我们有没有一颗包容的心来接纳生活的恩赐。

（5）我们要学会感恩，为自己已有的而感恩，感谢生活的赠予。这样我们才会有一个积极的人生观和健康向上的心态。

思考题

1. 举例说明具有团队意识的拓展训练项目。
2. 举例说明具有敬业乐群的拓展训练项目。
3. 举例说明具有诚信待人的拓展训练项目。

第六章
素质拓展训练的效果与评价

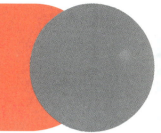

学习目标

知识目标：
1. 了解素质拓展训练课程考核和评价的结构，掌握素质拓展训练课程的考核办法、考核成绩计算方法。
2. 了解素质拓展实践能力的考核评价。

能力目标：
能够对素质拓展训练的效果进行评价。

素质目标：
听取他人的意见，积极讨论各种观点、想法，共同努力，达成一致意见；作风端正、忠诚廉洁、勇于承担责任、善于接纳，有宽容、细致、耐心、合作的精神。

项目导入

素质拓展训练课程属于新兴的课程内容，倡导以学生为中心，先行而后知。课程坚持"健康第一"的指导思想，以就业为导向，其培养目标主要是提高学生职业体能和职业素养。评价体系作为教学的重要组成部分，对课程的发展、学生的进步有一定的促进和激励作用。通过融入思政教育，促进大学生身心全面发展，是实现文化素质教育和身体素质教育并重的一门课程。因此，学校应加强素质拓展训练课程的评价体系探究与构建，确保素质拓展训练课程的有效性和持续性。

第一节　素质拓展训练课程的考核标准

一、素质拓展训练课程考核结构

素质拓展训练课程的考核结构包括以下四个部分。
（1）素质拓展训练课程的理论知识。
（2）素质拓展训练的课堂常规。
（3）学生身体素质。
（4）素质拓展训练的实践能力。
各部分所占的评分比重见表6-1。

表6-1　素质拓展训练课程成绩的构成及比例

内容	理论成绩	课堂常规	身体素质	素质拓展训练实践			
				教师评价		学生自评	团队互评
				课堂表现	课后拓展		
比例	10%	10%	30%	20%	10%	10%	10%

二、考核办法

1. 素质拓展训练课程的理论知识（10分）
（1）考核内容：拓展训练理论知识。
（2）考核方法：通过在线考试的方式进行。

2. 素质拓展训练的课堂常规（10分）
（1）考核内容：出勤率、服装、课堂纪律。
（2）考核方法：见表6-2。

表6-2　拓展训练课堂常规成绩评定方法

内容	表现程度	得分	评分办法
出勤率	旷课一次	-5	考勤记录
	迟到、早退一次	-2	
	旷课三次及以上	不评定本课程成绩	
	多次请假	酌情扣分	
服装	未穿运动裤、鞋一次	-2	随堂检查
课堂纪律	由教师和同学共同评定	酌情扣分	随堂检查

3. 学生身体素质（30 分）

（1）考核内容：体能测试。

（2）考核方法：按体测标准进行。

4. 素质拓展训练的实践能力（50 分）

（1）考核内容：个人及团队项目。

（2）考核方法：教师评价、学生自评、团队互评。

三、考核成绩的计算方法

（1）素质拓展训练课程的成绩考核应按全年教学进度分学期统筹安排。

（2）百分制与四级分制的换算方法：两者换算的标准是 85 分以上为优秀；75~84 分为良好；60~74 分为及格；59 分以下为不及格。

补考：因正当理由未参加考试者，可以对缺考和不及格的项目申请补考一次。补考应集中进行。

第二节　素质拓展实践能力考核评价

为了使本课程对高校的学生综合素质拓展训练工作更有针对性，我们从教师评价、学生自评、团队互评三个角度进行探讨。

从素质拓展训练课程的主体分析，课程的评价与反馈可以从教师、学生两个角度进行，可以开展教师对学生的评价，学生可以对教师的上课质量进行评价，学生还可以对活动体验前后的情况开展自我评价、团队评价。另外，还可以引入第三方问卷调查，即从学生参与社会实践单位的视角来考核，比对参与素质拓展训练课程的学生和未参与的学生之间存在的差异。

知识拓展：拓展教师的基本素质与要求

一、教师评价

教师评价是指教师对参加素质拓展训练课程的学生的综合评价。该项评价分值记为 F_1，占课程总评价的 30%。该评价可分为两个环节进行：一是教师在拓展培训课程中，根据每个项目的活动过程、学生的表现，对每名学生个体进行评价，该项综合得分（分值记为 a）占到评价分值的 20%；二是在培训结束后，教师根据学生撰写的参与活动的心得内容和策划拓展训练方案情况对学生进行综合评价（分值记为 b），教师评价综合得分为 $F_1=a\times20\%+b\times10\%$，见表 6–3。

表6-3 教师对学生评价表

班级：	姓名：	学号：
教师对学生评定成绩	评定内容	$F_1=a\times 20\%+b\times 10\%$
课堂表现： $a=(a_1+\cdots+a_8)/8$	1. 组织能力	
	2. 领导能力	
	3. 沟通能力	
	4. 执行能力	
	5. 创新能力	
	6. 交往能力	
	7. 合作意识	
	8. 团队精神	
课后拓展： $b=(b_1+b_2)/2$	1. 心得体会	
	2. 活动策划方案	

（1）课堂表现评价标准。

①组织能力：主要对队长进行考核，能将拓展训练项目的人员、活动过程有效组织起来并圆满地完成所担负的任务。

②领导能力：领导能力就是引导团队成员努力去实现目标的能力，包括在拓展中的战略制定和执行管理、关系管理、领导创新和组织变革等能力。

③沟通能力：主要掌握一定的交流等口语表达艺术的能力；能根据对象的不同选择合适的表达方式；谈话情理兼备，能掌控谈话的场面；具有一定的感染力和说服力。

④执行能力：能正确理解上级的命令和想法；能认真分析任务并掌控事物发展规律；能迅速采取行动并将行动变成结果，从而保质保量地完成任务。

⑤创新能力：是一种面对指定的目标或某一事物具有的强烈的尝试意愿并运用新思维、新方法去努力实践的能力。

⑥交往能力：在与人交往过程中，能表现出良好的行为修养，言行得体大方，态度诚恳和善；能通过真诚的谈话有效说服他人、处理人际矛盾与冲突。

⑦合作意识：能积极协助及支持他人顺利完成工作；能耐心听取他人的意见，鼓励及

支持同伴的想法和决定；尊重集体的意愿；工作尽心尽责，能配合同伴做好每件事情，并共同完成任务。

⑧团队精神：在事关大局和自身利益的问题上，能以宽广的眼界舍小家、顾大家。凡事能从团队出发，能以长远的眼光去权衡利弊得失；自觉做到个人服从团队、眼前服从长远；能立足本职工作，甘于奉献。

（2）心得体会。拓展培训已经结束，但是拓展的收获却会让我们终生难忘。为了大家更好地对本次拓展训练进行总结，希望大家认真填写，以便对大家进行跟踪服务。

（可续页，1 500字左右）

例文：人生处处是课堂　累并快乐着

正所谓人生处处是课堂，只要用心去体会，何处不修行……它带给我的不仅是生理上的挑战，也给我带来了一笔精神上的财富。

在这个过程中，我深刻地理解到什么叫作"团队"。回顾训练的全过程，历历在目，在困难和挑战面前，大家都能凝心聚力，充分体现了挑战自我、熔炼团队的精神。没有凝聚力的团队就没有竞争力。如果没有团队精神，这次的所有训练项目就无法完成。如果一个团队的成员各行其是、我行我素、自私自利、违法乱纪，势必一盘散沙，工作就是难出成绩，相反当这个团队面临艰巨任务或遇到困难时能坚定信心、同舟共济，在惊涛骇浪面前就能无所畏惧，就能完成别人认为无法完成的任务，就能顺利地到达胜利的彼岸。这次训练的全过程，所有的队员都为团队完成训练科目发挥了重要的作用。正是由于大家严格要求自己，注重了细节，一丝不苟、自动自发、拒绝借口，才能顺利地完成任务。

这次拓展活动使我深深地体会到团队协作在任务执行过程中的重要性，同时，也学会了如何突破自己心理的极限，可以说是一次非常难得的经历。这种心理极限上的突破不是随便的、生硬的活动项目就能够达到理想效果的，通过对拓展项目的精心设计和教师的职业能力最终真正能够实现个人某些心理障碍的跨越，与此同时也能够体会到个人能力的发展潜力。证明了自己，超越了自己。

通过这种拓展项目也使各个小组的成员成为一个真正能够发现问题、解决问题的战略团队，大家都各司其职、各负其责，在拓展项目中寻找合作的黄金点，不断形成一种默契，这种关系由原来松散的个体磨合成为一个能够冲破任何防线的组合体，团队的每位成员在项目进展中都增强了克服困难的信心和勇气，坚定了面对困难却能坚忍不拔进行到底的决心，更可贵的是锻炼了每位团员的胆识，也克服了有时只凭感觉行事的思维定式。没有不可能，超越自己就能够创造奇迹。

我很感谢能通过学校的拓展训练活动有这样一次深刻的体验和有意义的经历。这次拓展中安排的训练注重团队项目，它的最大特点就是群策群力、团队集体智慧的体现和团队的创造力。在本次拓展的过程中，每个队的队员之间最应该注意的是如何组织、协调及配合好，而不是某个队员自己如何能做得更好；个体对团队的关注应该远远超过了其自身！

（3）拓展训练策划书。为了给学生渗透自我锻炼、自我创新的理念，在课后要求学生进行拓展训练方案设计，希望学生能设计出符合主题、有象征意义的作品。此环节通过课后拓展练习，培养学生的创新意识和创新能力。以小组为单位，要求统一格式，装订成册，如图6-1所示。

图6-1　拓展训练方案设计书

二、学生自评

学生在素质拓展训练活动的过程中，根据课程参与、团队表现情况，以及课后提升情况，由教师组织学生就本人的"组织能力、领导能力"等8项素质拓展要素开展诚信自评，可以对训练前后的表现综合评定，给出对自我的客观评价，该项评价分值记为F_2，占到课程总评价的10%，见表6-4。

表 6-4　学生自评表

班级：		姓名：		学号：	
学生自我的评价 $d=(d_1+\cdots+d_8)/8$		评定内容		$F_2=d\times 10\%$	
				训练前	训练后
		1. 组织能力			
		2. 领导能力			
		3. 沟通能力			
		4. 执行能力			
		5. 创新能力			
		6. 交往能力			
		7. 合作意识			
		8. 团队精神			

（1）评价标准。学生评价标准内容与教师课堂表现评价标准内容相同。

（2）活动项目评价。学生还可以对活动项目进行评价。主要对有关项目的身体指数、心理指数、理念指数、快乐指数、参与指数、安全指数、困难指数等方面开展评价，教师可以汇总队员的评价结果，及时改进和调整项目的内容与难度等，见表 6-5。

表 6-5　拓展培训项目课程参与性综合指标

项目评价指数	毕业墙	能量传输	信任背摔	……
身体指数	★★★★	★★★	★★★★★	
心理指数	★★★★★	★★★	★★★★	
理念指数	★★★★★	★★★★	★★★★★	
快乐指数	★★★	★★★★★	★★★	
参与指数	★★★	★★★★★	★★★	
安全指数	★★★	★★★★★	★★★	
困难指数	★★★★★	★★★★	★★★★★	

三、团队评价

在素质拓展训练过程中，还可以对团队的整体表现进行评价。教师可以在培训结束后，对团队整体表现进行综合评定（分值记为 e，占团队评价的 70%）。学生可以对照训练前后团队在"信任程度、沟通效果、归属感、团队协作、团队凝聚力、集体荣誉感"等方面的差异，给出相应的评价（分值记为 h，占团队评价的 30%）。综合教师和学生的评价结果，可以测评出素质拓展训练课程在学生有关素质培养上的有效性，团队总体评价分值记为 F_3，占课程总评价的 10%，见表 6-6。

表 6-6 团队评价表

班级		团队名称	
评价内容	教师团队评价 $e=(e_1+\cdots+e_6)/6 \times 70\%$	学生团队评价 $h=(h_1+\cdots+h_6)/6 \times 30\%$	
1. 信任程度			
2. 沟通效果			
3. 归属感			
4. 团队协作			
5. 团队凝聚力			
6. 集体荣誉感			

评价标准如下：

（1）信任程度：给予信任是团队和谐高效最有效的办法。主动理解他人的需要；相信他人的为人处事；欣赏他人的优点。

（2）沟通效果：能通过真诚的沟通与交流，有效地解决问题和传递感情。

（3）归属感：能与所在团队保持思想、理念、价值观、立场及行动上的一致。

（4）团队协作：善于查找团队存在的问题并能认识问题产生的原因；运用学到的知识和真实的体验来解决问题。

（5）团队凝聚力：团队对成员的吸引力，成员对团队的向心力，团队成员之间的相互融合、积极向上。

（6）集体荣誉感：自觉地为集体尽义务、做贡献、争荣誉，心向集体、关心同伴。

综合以上三点关于素质拓展训练课程的效果评价的有关论述和计算办法，高校学生在校期间参加课程内容，其素质拓展培训实践部分的评价分可以由教师评价（F_1）、学生自我评价（F_2）和团队评价（F_3）三个部分组成，占总评定的 50%，学生课程的实践部分评价成绩的组成可以综合记为 F，我们给予这三个组成分值不同的权重，在计算评价总分时 $F=F_1 \times 60\% + F_2 \times 20\% + F_3 \times 20\%$，见表 6-7。

表 6-7　素质拓展训练实践能力评价总表

班级：	姓名：	学号：
分项测评得分		
教师评价综合得分	$F_1=$	
学生自我评价得分	$F_2=$	
团队总体评价得分	$F_3=$	
综合评定得分		
$F=F_1\times 60\%+F_2\times 20\%+F_3\times 20\%$		

思考题

1. 素质拓展训练考核办法有哪些？
2. 素质拓展训练考核成绩计算方法有哪些？
3. 素质拓展实践能力考核教师评价标准内容有哪些？

附 录

团队拓展训练过程记录

1. 团队拓展训练记录表

队长	
副队长	
旗手	
文艺委员	
安全员	
其他成员	
队名	
口号	
队歌	
团队期望成绩	
本团队优势分析	
本团队劣势分析	
团队策略	

2. 培训日记（动员）

培训日记（动员）

请你将每天的心得及时记录下来，也许这样一点小小的工作会使你有更多的收获。

时间：　年　月　日　　　星期　　　地点：

培训日记（第 1 天）

请你将每天的心得及时记录下来，也许这样一点小小的工作会使你有更多的收获。

时间：　　年　月　日　　　星期　　　　地点：

培训日记（第 2 天）

请你将每天的心得及时记录下来，也许这样一点小小的工作会使你有更多的收获。

时间：　　年　月　日　　　星期　　　　地点：

培训日记（第 3 天）

请你将每天的心得及时记录下来，也许这样一点小小的工作会使你有更多的收获。

时间： 年 月 日 星期 地点：

3. 团队拓展训练总结

拓展训练的目标是"挑战自我,熔炼团队",那么如何才能最大限度地发挥个人的潜力?如何才能建立一个真正的团队?我们不妨从以下角度进行思考总结:

(1)简要描述所在团队的基本情况。

(2)分析所在团队拓展训练成败的关键。

(3)总结自己在团队中的收获。

时间: 　年　月　日　　　　星期　　　　地点:

4. 指导教师评价表

成绩评价表（由指导教师填写）					
出勤成绩 （10分）	按时到达实训地点，不早退；带齐所需物品；积极参与实训活动				小计
过程成绩 （60分）	个人提高 （20分）	参与项目过程 （20分）	环境保护 （10分）	完成质量 （10分）	小计
训练日记 （10分）	字体工整，结构完整，内容丰富，有真情实感				小计
总结报告 （20分）	字迹工整，结构完整，内容丰富，层次清晰，观点明确				小计
教师评语					
总成绩		指导教师签字			

说明：

（1）缺勤超过3个项目，成绩为不合格。

（2）培训期间违反学校的有关管理规定，按学校的相关管理办法执行。

5. 评价标准

（1）分项考核方式和标准。

考核方式	分值	考核标准
出勤	10 分	旷课一次扣 5 分，迟到一次扣 3 分，缺勤超过 3 个项目，总评成绩为不及格
个人提高	20 分	（1）具备良好的沟通协调能力（8 分）； （2）提高个人的团队合作意识（6 分）； （3）敢于表达自己的真实想法（6 分）
参与项目	20 分	（1）积极参与各个项目（5 分）； （2）在项目中发挥正向作用（5 分）； （3）团结队内成员，共同完成项目（5 分）； （4）组内人际关系良好（5 分）
环境保护	10 分	（1）个人物品摆放整齐（2 分）； （2）不乱扔垃圾（3 分）； （3）团队活动区域内无垃圾（3 分）； （4）值日期间积极参与（2 分）
完成质量	10 分	（1）在规定的时间内完成任务（5 分）； （2）团队成绩良好（5 分）
训练日记	10 分	（1）字迹工整（2 分）； （2）内容真实（4 分）； （3）对各项活动有自己真实的感悟（4 分）
总结报告	20 分	（1）满足字数要求（4 分）； （2）字迹工整、结构完整（4 分）； （3）层次清晰、逻辑合理（6 分）； （4）对实训过程、实训收获有深入思考（6 分）

（2）总评考核标准。

成绩	标准
优秀	总评成绩：90~100 分
良好	总评成绩：80~89 分
中等	总评成绩：70~79 分
及格	总评成绩：60~69 分
不及格	总评成绩：低于 60 分，或缺勤超过 3 个项目

参考文献

［1］段国萍.素质拓展训练［M］.上海：上海交通大学出版社，2014.

［2］高徐，田广.大学生素质拓展训练［M］.北京：北京师范大学出版社，2019.

［3］周芸.大学生素质拓展训练［M］.2版.北京：人民邮电出版社，2021.

［4］张莉莉.团队拓展训练教程［M］.4版.大连：东北财经大学出版社，2022.

［5］胡炬波，厉丽玉.户外运动与拓展训练［M］.杭州：浙江大学出版社，2017.

［6］孟玉婷，张勇.团队合作能力训练教程［M］.成都：西南交通大学出版社，2012.

［7］孙智凭，陈斯祁，白托娅.大学生心理健康教育与拓展［M］.北京：中国传媒大学出版社，2013.

［8］钱永健.拓展训练［M］.3版.北京：企业管理出版社，2016.